THÉORIES ET PROCÉDÉS
RADIESTHÉSIQUES

Avertissement de l'éditeur

Nos livres sont la reproduction digitale de textes devenus introuvables.

Le lecteur voudra bien excuser le léger manque de lisibilité et les imperfections dues aux ouvrages imprimés il y a des décennies, voir des siècles.

Par égard à la mémoire des auteurs et la spécificité des ouvrages, il convenait de les reproduire tels les originaux.

ERRATUM

Par souci de vérité nous signalons que l'anecdote attribuée page 77 au Dr Chavanon l'a été par suite d'une erreur nous ayant échappé lors de la correction de l'ouvrage. Nous la tenons d'un correspondant totalement étranger au Dr Chavanon.

DU MÊME AUTEUR :

Manuel théorique et pratique de radiesthésie, lettre préface de M. l'abbé MERMET, 10ᵉ mille (**ouvrage couronné par la Société Nationale d'Encouragement au Bien**), H. Dangles, Paris . . . . **20 fr.**

Un va-nu-cœur : Léon Bloy (en collaboration avec M. L. HERBOULET, tirage limité) . . . . **sous presse**

En préparation :

Comment soigner nos pigeons, (homéopathie et radiesthésie colombophiles).

Collaborations :

Cahiers Léon Bloy, six numéros par an, 29, rue Villeneuve, La Rochelle . . . . abonnement **20 fr.**

Le Taudis, numéro spécial consacré à Léon Bloy . . épuisé

Travaux radiesthésiques : en collaboration avec M. Clément CHALANÇON (8, passage Boulay, Paris). Toutes recherches, leçons pratiques, détection et élimination des ondes nocives.
Ecrire à M. LACROIX-A-L'HENRI, 106, rue Jean-Jaurès, Bois-Colombes, Seine.

René Lacroix-à-l'Henri
Officier T. S. F. de la Marine Marchande

Théories et Procédés
Radiesthésiques

A Messieurs Fernand CORUE
et L. CHAUMERY

qui, aux antipodes l'un de l'autre, m'ont parlé des mêmes choses,

> bien cordialement,
> R. L.

AVERTISSEMENT

La radiesthésie subit en ce moment des épreuves diverses, dont l'une est dans son sein même et due à une « crise de croissance » : la sourcellerie sera-t-elle scientifique ou divinatoire ?

De bons esprits formés aux disciplines scientifiques ont eu peur des bases encore incertaines de cette jeune étude de radiations incontrôlables par des appareils connus, et ont apporté à la radiesthésie leurs méthodes critiques, avec plus ou moins d'indulgence suivant leur tempérament.

De là sont nés de nouvelles associations, de nouveaux mouvements déjà féconds aussi bien en physique qu'en biologie ou thérapeutique et aussi des adversaires négateurs, médecins ou professeurs, choqués dans leurs conceptions classiques, ou exaspérés par l'empirisme des méthodes, le manque de modestie dans les résultats ou les prétentions excessives des néophytes...

Une autre partie des opérateurs et du public, une certaine littérature ont surtout demandé à la radiesthésie de quotidiens miracles, jamais suffisants à l'appétit de mystérieux de nos contemporains.

D'où une pléiade de pendulisants surtout, venus à l'exercice de la sourcellerie par les méthodes d'orientation mentale de Christophe, et faisant à une opération psychique ou métapsychique la plus grande part de leurs procédés de recherche, aussi bien dans le domaine physique ou médical direct que dans la téléradiesthésie.

Ceux-là font plus ou moins table rase de la science officielle, et comptent, semble-t-il, autant de résultats que les précédents.

Une partie « occultisante » du public et des « sourciers » a embrigadé aussitôt cette nouvelle branche de sciences conjecturales que peut être la radiesthésie ainsi comprise et a fait du pendule l'instrument d'un sens « paranormal ».

On y trouve des spécialistes criant au phénomène essentiellement sporadique et incertain, niant la valeur des résultats contrôlés lorsque les résultats ne sont pas niables en eux-mêmes. Puis des « occultistes », mages, devins, spirites, astrologues, qui prônent en long et en large « le pendule divinatoire », sans se rappeler à eux-mêmes ni faire connaître à leurs lecteurs ou élèves que telles pratiques relèvent de disciplines précises, et supposent des connaissances d'ordre initiatique ou traditionnel.

La radiesthésie scientifique ira doucement, très doucement, mais elle aurait tort de couper les ponts avec cette avant-garde turbulente, complexe, un peu angoissante, qu'est la moderne rabdomancie. La chimie doit beaucoup à l'alchimie. Demandons un peu plus de discipline, de méthode, de modestie, aux baguettisants et pendulisants, célébrés par la presse quotidienne (ou vilipendés par elle) et disons aussi aux partisans déterminés des méthodes d'analyse de ne pas nier ni méconnaître un ordre de faits « hors science », comme certains historiens ou philosophes refusent d'étudier par exemple les grands mystiques...

Et que la radiesthésie vienne l'une des premières à l'appel du Dr Carrel, pour aider à éclairer, et à conduire vers la vérité, « l'homme cet inconnu » !...

Le présent livre voudrait servir à cette fin.

La radiesthésie

L'art du sourcier, antique rabdomancie (divination par la baguette) a soudainement évolué au début de notre siècle pour devenir une vedette de congrès à la veille de la guerre.

Jusque-là, le public ignorait à peu près tout du baguettisant, tenu un peu comme sorcier par les simples, et quelques revues seulement avaient rappelé le rôle de Jacques Aymar qui, vers 1690, partit en compagnie de gens d'armes, à la poursuite de criminels, de Lyon jusqu'en Avignon, uniquement guidé par sa baguette préalablement imprégnée de l'ambiance des lieux du crime.

En mars 1913, au cours du 2e Congrès de psychologie expérimentale, M. Mager, un des pionniers de la nouvelle sourcellerie, eut l'idée de faire faire des expériences contrôlées, par les prospecteurs de l'époque. Uniquement cantonnées dans l'eau, les cavités et les métaux, avec des réussites suffisamment extraordinaires pour créer un mouvement d'information, les expériences débordèrent quelque peu le programme et furent reprises plus tard, permettant à un émule de Mager, M. le professeur Bosset, de Lausanne, d'étudier les pendules colorés comme Mager utilisait les baguettes colorées.

Ce congrès eut, en outre, l'avantage d'amener à la radiesthésie (le mot devait être proposé plus tard par l'abbé Bouly, il ne convient pas exactement à ce qu'il désigne aujourd'hui, mais il a tout de même de fortes chances de demeurer, au moins jusqu'à ce que, les scientifiques aidant, les recherches des radiesthésistes s'intègrent dans la physique officielle), d'amener à elle, disons-nous, M. Armand Viré, directeur du Muséum d'histoire naturelle, l'officiel chargé justement du contrôle des expériences.

C'était là une réussite non prévue au programme...

M. Viré a, depuis, présidé l'Association des Amis de la Radiesthésie et continue à donner de sa personne pour la diffusion de cette nouvelle branche d'études.

Nouvelle, non, puisque tous les auteurs recherchant la genèse de l'art devaient signaler l'antiquité d'usage de la baguette et même du pendule. Egypte, Chine, ancienne Rome, Moyen Age, même la préhistoire ont paru connaître la divination par ces instruments ou l'un d'eux seulement. Il n'est pas jusqu'à l'Ecriture Sainte où les sourciers cherchèrent comme patron le patriarche Moïse dont le bâton faisait jaillir l'eau durant la fuite d'Egypte, qui ne parle de cette méthode, pour la condamner *lorsqu'elle dépasse ses limites*. « Mon peuple a interrogé son bois, et son bâton *lui a annoncé l'avenir*. » (Osée IV, 12.)

La science officielle, beaucoup plus tard, par les conclusions de Chevreul, allégua que « les mouvements du pendule avaient une cause qui n'appartenait pas au monde physique, mais au monde moral », cela après « examen critique *des écrits* les plus remarquables »... Aujourd'hui, il semble que les chercheurs veuillent opérer eux-mêmes de façon plus précise avant de juger...

Depuis quelques années, la presse, grande pourvoyeuse de nouvelles et de théories, a fourni à la radiesthésie le régime de la douche écossaise, depuis la gloire et l'encens jusqu'aux calomnies, voire aux injures. Une telle avalanche d'articles a provoqué l'attention du grand public, et rares sont aujourd'hui ceux qui n'ont pas connaissance de la sourcellerie moderne.

Parmi les praticiens de la baguette et du pendule, opérateurs bénévoles ou sourciers rémunérés, ces alternances de louange et de blâme, ont contribué à provo-

Traité de Vallemont.
Fig. A.
Un baguettisant ancien (vers 1680).

quer des réactions et des émulations utiles, certes, à ouvrir des voies aux scientifiques, chimistes, médecins, physiciens, mais aussi à chercher dans des domaines incertains le succès qu'on leur reprochait ou qu'on leur discutait ailleurs.

*
* *

Rappelons, pour le non-initié, rapidement ce qu'est la radiesthésie.

D'abord, le sourcier lui-même apparaît jusqu'ici comme indispensable dans toute recherche. C'est en effet l'opérateur lui-même qui *traduit* en termes clairs les *indications* de ses instruments.

La baguette, autrefois utilisée diversement (fig. A), bâton porté sur la main, deux tiges droites se touchant bout à bout, baguette de bois tordue par les mains (toutes méthodes à peu près abandonnées), faite le plus souvent d'une branche de noisetier fourchue et tenue par les deux extrémités, la pointe en avant, puis ensuite à cause de la brisure fréquente du bois, de deux brins métalliques en forme de V couché, est faite surtout dans sa présentation actuelle de deux brins de fanons de baleine, plats ou ronds, longs de 20 à 50 cm. chacun, et jointés à leur extrémité par une ligature de fil.

Le pendule est un objet quelconque suspendu à un fil ou à une chaînette, dont l'extrémité est tenue entre le pouce et l'un des doigts de la main.

La baguette a vu des variantes s'ajouter à sa forme, la couleur, la pointe capuchonnée, l'adjonction de solénoïdes, ou d'aiguilles aimantées. Le pendule a été fait de bois, d'ivoire ou de tous corps possibles ; creux, parfois, pour contenir *le témoin* ; de toutes formes,

Fig. B. — Or pénétralisant moderne.
M. Chafangeon à la recherche d'or caché.
Expérience relatée dans La du 5 juillet 1933.

encore que la sphère paraisse l'emporter, ou muni d'une pointe terminale.

Tandis que la baguette, marchant par soubresauts vers le haut ou vers le bas, exige en quelque sorte l'entrée de sa *pointe de flamme* (extrémité interne de la ligature) dans un « plan vibratoire » pour donner son indication ; le pendule, d'un maniement plus facile (beaucoup plus propice aussi à l'autosuggestion), donne des indications plus nombreuses : battements ou oscillations s'il reste dans une direction déterminée, ellipses lorsqu'il abandonne le battement pour se mettre à tourner, girations ou tours de sens déterminé (« avec la montre » ou « contre la montre », ce qui se dit aussi « positif » et « négatif » et se peut dire « dynamogène ou inhibitoire »), de nombre variable et d'amplitude inconstante... lorsqu'il est dans le même champ vibratoire, ou bien lorsque l'opérateur seul se met en contact avec ce lieu par sa main gauche s'orientant en antenne et recevant l'onde à détecter par l'index tendu (fig. B). La longueur de suspension et le poids du pendule sont très importants suivant les méthodes.

La baguette *décharge* une force d'allure alternée (comme dans un courant sinusoïdal), le pendule *l'analyse* déjà par le canal des réflexes des centres nerveux, ou du subconscient de l'opérateur.

Celui-ci peut être assimilé, par analogie avec la T. S. F., à un appareil superhétérodyne doué des organes de réception et de détection, mais surtout de moyenne fréquence. Celle-ci est constituée par son « entité » physique et psychique, physique pour le passage d'une certaine bande de fréquence propre à l'individu, psychique pour le réglage par la volonté et l'attention, du récepteur complet.

Cette particularité étant personnelle explique que

devant un même corps des sourciers obtiennent des mouvements différents de leurs instruments, mais surtout des nombres de mouvements spéciaux à chaque opérateur (cependant, nous n'excluons pas la possibilité de régler un jour les « moyennes fréquences » sur une même base, en forçant un peu le sujet soit psychiquement soit physiquement — alimentation, potentiel de vigueur constant, équilibre de certains organes — afin d'obtenir que les prochains radiesthésistes ressentent des *séries* de mouvements semblables devant un même corps).

*
* *

Le sourcier détecte donc des « rayonnements » ou accuse des réactions dues à la présence voisine de corps particuliers. Ces « ondes » ont reçu plusieurs noms et sont diverses :

Rayon fondamental, appartenant en propre au corps, de direction fixe et de portée variable suivant la masse ;

Rayon solaire, reliant le soleil au corps et repartant du corps au soleil ;

Rayon capital, allant du corps au rabdomancien ou inversement (yeux-cerveau).

Les rencontres de ces trois rayons conduisent l'opérateur à des recoupements analogues à ceux de la radiogoniométrie en T. S. F.

La recherche de l'eau est particulière, un courant souterrain créant par le frottement de ses molécules sur le fond de son lit ou sur les parois entre lesquelles il est comprimé, un phénomène spécial qui se traduit en surface pour le sourcier par la rencontre de sept « rideaux » vibratoires actionnant ses détecteurs, avant qu'il parvienne à la verticale du courant souterrain, dont la présence et le sens sont facilement décelables. Une baguette ordinaire tourne pendant la traversée du courant, elle tourne aussi, si, placé sur le courant, le sourcier remonte vers la source. Le pendule « gire » sur l'eau et indique par un mouvement différent chacune des sept « lignes de force ».

La profondeur se déduit pratiquement par la distance entre le bord du courant et le premier plan vibratoire annonciateur du courant rencontré. Une certaine quantité de méthodes empiriques ou scientifiques corroborent ce résultat ou le remplacent en terrains non homogènes. D'autres procédés, plutôt mentaux, déterminent le débit, la pression de l'eau, sa composition.

Pour ce dernier point, comme pour toutes autres recherches, cavités, cadavres, métaux, trésors, plantes rares, champignons, animaux vivants, microbes d'un organisme, etc., arrive l'utilisation courante et presque indispensable du *témoin*.

C'est un corps identique à celui cherché, morceau de fer, de soufre, de corps radioactif pour savoir si l'eau en contient, par exemple ; fragment de métal ou feuille de plante, poil ou plume de la bête, culture microbienne pour les autres expériences. Ce *témoin* qui joue l'office du condensateur variable d'accord dans le super-hétérodyne-sourcier, peut être installé dans le pendule creux, ou plus généralement tenu dans la main de l'opérateur.

La radiesthésie, qui exclut la recherche mentale, s'arrête ici.

Mais avec la pratique, beaucoup s'aperçurent qu'ils devaient pour réussir de façon constante obtenir de leur corps plusieurs choses : le moins possible de contraction physique, la parfaite passivité quant au résultat à obtenir, et l'intention formelle de recherche dans l'esprit.

De là devait naître un courant considérable (le rayon capital de l'abbé Mermet étant à sa base) dû surtout à M. Christophe, qui permet à l'opérateur de remplacer le témoin lors d'une recherche sur place, par une préhension mentale exacte de l'objet à découvrir.

C'est la méthode de l'orientation mentale. Elle devient une nécessité dans la téléradiesthésie.

Celle-ci, fille aventureuse de la sourcellerie physique, permet à ses bons opérateurs de reproduire une recherche dans une pièce de leur appartement, de leur laboratoire ou de leur bureau, sans la faire sur le terrain, qui est placé parfois très loin, par delà les mers mêmes.

Muni d'une pointe de recherche (en général), le téléradiesthésiste opère sur une photo du terrain, sur une carte topographique, ou simplement sur le plan d'une propriété. Si trop de charlatans croient à toutes les fantaisies d'un pendule mal dirigé, les résultats de téléradiesthésie extrêmement nombreux et contrôlés ne sauraient être niés en bloc.

L'emplacement d'un filon, sa profondeur, sa teneur en composants divers, sa direction, se trouvent alors uniquement par une « convention mentale » *ajoutée* à « l'orientation mentale ».

Radiesthésie et téléradiesthésie se sont ouvertes d'autres branches où la spécialisation a donné pour certains opérateurs des résultats excellents, sexoscopie par exemple, en élevage ; recherches de disparus (cadavres, suicides, assassinats), mais où l'incompétence d'un grand nombre jointe à des phénomènes d'interférence encore mal définis ont causé du tort aux recherches méthodiques.

Elles ont aussi commencé à dire leur mot comme auxiliaires inattendues de la médecine :

Pendule et baguette se comportent différemment devant un organe sain que devant un organe malade.

La méthode des témoins (cultures microbiennes ou ondes de celles-ci « fixées » sur matière-support; comme farine de riz ou celluloïd) a permis de déceler la présence aux points atteints de bacilles ou microbes de toutes sortes, indications contrôlées par l'analyse, ou bien non contrôlables par celle-ci ou par les réactions actuellement employées, lorsqu'il s'agit d'une tare héréditaire. La détection du « terrain » créé par cette hérédité, ou celle de la caractéristique de fonctionnement d'une glande endocrine ou d'un organe malade ont permis à certains médecins radiesthésistes d'intéressants travaux thérapeutiques.

Pendule et baguette ont encore pu les aider, en démontrant par leurs réactions la liaison vibratoire existant entre le remède et l'organe, et l'on a pu voir certains sujets hypersensibles améliorés par la proximité, sans ingestion, d'un remède, comme la cause d'un trouble bizarre avait pu naître du voisinage inconnu d'un agent perturbateur (un rhume des foins dû à la présence sur un rayon de la cuisine d'un pot contenant des fleurs de reine des prés — observation du Dr Chavanon), ou de l'action d'une « radiation nocive ».

**

Enfin, à pas mesurés, frère Padey, abbé Mermet, Voillaume, Christophe, l'auteur et plusieurs autres, ont tenté de déceler les valeurs et les troubles dans les facultés psychiques, dans les formes de la pensée. Beau domaine, mais quelle prudence à y apporter, puisque pratiquement tant de mesures y sont incontrôlables.

Voilà la rabdomancie actuelle, dont nous avons dans un premier livre *Manuel théorique et pratique de radiesthésie* exposé les théories « classiques » et les méthodes suffisamment essayées pour avoir droit de cité, en y joignant quelques notes de droit, et aussi quelques considérations de prudence que le présent volume va développer, en indiquant des méthodes nouvelles de travail.

PREMIÈRE PARTIE

LE PASSÉ

I. Explications

1. Retour sur le précédent livre. — 2. Voyage en Chine. — 3. La monade chinoise. — 4. Le Yn et le Yang. — 5. Les Pa-Koua. — 6. Le Tah-Gook coréen. — 7. Les deux forces magnétiques.

1. Retour sur le précédent livre

La publication du *Manuel théorique et pratique de radiesthésie* en mai 1935 nous a valu, sa vente ayant été rapide, une grande quantité de lettres d'inconnus, chercheurs ou curieux, scientifiques ou philosophes, avec divers articles de presse intéressants. Nous ne voulons ici tenir compte que des réserves, des critiques publiques ou privées et des indications constructives de nos correspondants.

En établissant une sorte de synthèse des méthodes, nous n'avions pas voulu prendre toute la responsabilité des procédés ni de l'explication de ceux-ci. Seule l'expérience nous avait amené à signaler les uns et les autres en divers domaines. Nous avions parfaitement conscience de heurter des idées acquises en employant des termes tirés de l'électricité ou du magnétisme, mais le moyen de fixer les idées du lecteur non averti en restant dans l'unique formule « plan de réaction pendulaire » pour indiquer lignes de force, vibrations différentes, radiations nocives, etc. ? Si le texte n'est pas satisfaisant pour la science pure, il est moins monotone.

Nous nous excusons néanmoins d'avoir dû sacrifier à ce « travers » et souhaitons d'avoir bientôt, à côté d'un bloc important d'observations contrôlées, le vocabulaire et le lexique convenant à relier entre eux de façon correcte les phénomènes observés.

Un lecteur nous a reproché le mot « ultra-blanc ». Nous pensons ne pas en avoir la paternité, mais il exprimait, en causerie avec nos élèves, une opinion personnelle, et que d'autres approfondissent, sur le disque de couleurs de Turenne que nous avions alors sous les yeux. Nous croyions à l'existence d'une « couleur » opposée au vert du spectre, placée entre blanc et noir de ce disque et que nous avions alors désignée de ce terme indésirable. *Felix culpa !* car nous avons trouvé d'autres correspondants d'esprit scientifique également qui ont déjà un bagage de découvertes impressionnant dans cette partie très précise. Nous leur laisserons le mérite et bénéfice de leurs travaux à paraître bientôt, espérons-le.

Un autre lecteur nous a fait un procès de personne ou plutôt de tendance, nous accusant presque de partialité, vis-à-vis de deux des pionniers des baguettes et des couleurs, au bénéfice des opérateurs ecclésiastiques ! Ce n'a pas été l'avis général et même pas celui de l'un des « oubliés » qui a bien voulu, au contraire, reconnaître nos efforts pour rendre à chacun ses mérites.

La plus grande partie des lettres reçues a paru s'intéresser vivement et pour des motifs divers, à l'antiquité, au Yn-Yang, avec incursions vers l'Egypte et vers l'astrologie. C'est pour leurs auteurs que nous rédigeons cette première partie qui nous a permis d'intéressantes expériences et des pratiques radiesthésiques nouvelles.

2. Voyage en Chine

C'est vers le plus loin que nous avons d'abord cherché les éclaircissements demandés. Passionnément intéressé par les relations admirables des voyages en Tartarie, au Thibet et en Chine, des RR. PP. Huc et Gabet [1], ce n'est pas dans ces récits, néanmoins, que nous avons trouvé ce que nous voulions. La pensée antique chinoise paraît avoir été étrangère aux angoisses métaphysiques, « elle n'établit pas de distinction entre la matière et l'esprit, entre l'homme et la nature ». Ce qu'elle voit dans le monde, ce sont des *aspects opposés* ou équivalents. L'unité du monde est, pour le Chinois ancien, voilée par des apparences antithétiques.

Il faut donc insister sur le rythme dans l'idée chinoise, rythme à deux temps, que concrétise un symbole double : Yn et Yang.

Ces termes qui ont eu un sens philosophique au IIIe siècle avant notre ère, provenaient de bien plus avant dans le temps, et nous donnons un peu plus loin la reproduction d'un article de la *Revue Indochinoise* du 30 juillet 1905 sur ce sujet.

Le Dr Regnault qui s'est aussi occupé de ces choses parle dans le même sens des principes chinois, comme également M. Marcel Granet dans son ouvrage *La Pensée chinoise*, ou comme Mme Nicole Vaudier dans un article parfait du *Larousse mensuel*.

Le R. P. Souviquet (*Variétés Tonkinoises*), attribue à Phuc Hi, contemporain de Noé, la découverte des *deux principes*, marqués en points noirs et blancs sur le dos d'un dragon.

---

[1] Léon Bloy disait qu'il n'avait jamais repris, dans ses jours de tristesse, leur lecture, sans être consolé.

3. La monade chinoise [1]

... A première vue, le dessin de la monade apparaît plutôt comme une chose fort compliquée, mais l'analyse ne tarde point à corriger cette impression. Cette figure est, au contraire, tout à fait simple. Sur le diamètre vertical d'un cercle (fig. 1) sont décrits, des deux côtés opposés, deux demi-cercles ayant pour diamètre vertical la moitié du précédent diamètre. Les sommets se réunissent, d'une part, au centre du grand cercle et, d'autre part, se perdent dans la grande circonférence. Tel est le graphique du symbole.

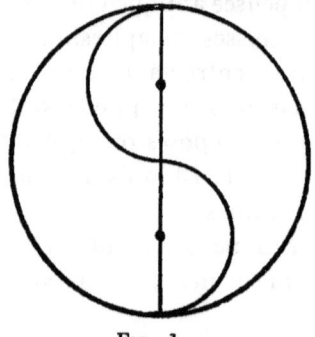

Fig. 1.
Tracé du Yn-Yang.

Mais comment ce symbole peut-il être la représentation idéographique et graphique d'idées ou de principes énoncés bien des siècles antérieurement ?

En l'année 1017 avant J.-C. un jeune Chinois, Chou-Lien-Ki vint au monde. Comme tout jeune homme, il aimait la nature et se plaisait à errer par les collines et les vallons. A ces excursions, nous devons le dessin de la monade. Un jour, au cours de ses promenades, Chou-Lien-Ki découvrit une caverne, débouchant sur les deux flancs de la colline qu'elle traversait. Les deux entrées étaient en forme de doubles croissants, mais à l'intérieur la caverne elle-même était circulaire. De ces deux entrées en croissant et de ce souterrain en forme de lune, Chou-Lien-Ki conclut au diagramme devenu cé-

---

[1] *Revue indochinoise.*

lèbre en Chine. Ce diagramme, la grande monade, servit à représenter un système de philosophie établi par Fuh-Hi, plus de 3.000 ans avant J.-C. et, par conséquent, 4.000 ans avant que Chou trouvât sa caverne merveilleuse.

Qu'était donc cette philosophie qu'un tel symbole devait interpréter et comment l'expliquait-il ?

Il nous est difficile de rendre intelligiblement les argumentations du jeune Chinois, argumentations grâce auxquelles il parvint à croire que la figure tracée représentait, réellement, tout ce qu'il y voulait voir. Toutefois pouvons-nous exposer le fait, aussi clairement qu'il nous sera possible, et nous laisserons au lecteur le soin d'en tirer lui-même la conclusion qui lui plaira.

... La philosophie de Fuh-Hi est établie comme suit :
« L'Illimitable produisit le *grand extrême* qui engendra les *deux principes*. Les *deux principes* donnèrent naissance aux *quatre figures*. » Des quatre figures furent tirés ce que les Chinois dénomment les *huit diagrammes* de Fuh-Hi (en 3.322 avant J.-C. selon la chronologie du Dr Legge, le sinologue anglais le plus réputé).

Les *deux principes*, que les Chinois disent être produits par le *grand extrême*, sont ainsi représentés :

De ces *deux principes* on déduit les quatre figures, en alternant le groupement des deux principes, ainsi qu'il suit :

En plaçant chacune des quatre figures sous chacun des deux principes, en deux séries, les diagrammes sont alors formés de la façon suivante :

Ces groupements pourront être, aux yeux de certains, sans signification aucune, voire même un honteux nonsens. Pour le Chinois, au contraire, ces signes ont une grande signification. Quant à nous, les *deux principes*, les *quatre figures* et les *huit diagrammes* nous apparaissent plutôt comme une ingénieuse combinaison des lettres T et M, du code du télégraphe Morse qui aurait été connu de Fuh-Hi.

Dans un exposé au sujet de cette remarquable philosophie, M. Holt note, d'après Choo-Foo-Tse (célèbre interprète et commentateur des livres classiques de Confucius, au XIIe av. J.-C.) que : « *Le grand extrême* est simplement l'immatériel Principe. Il existe dans les principes mâle et femelle, dans la nature, dans les cinq éléments et en toutes choses. Dès que le Grand Extrême vient à agir, toutes choses sont produites par transformation. Le Grand Extrême n'a ni résidence, ni forme, ni place que vous lui puissiez assigner. Si vous en parlez avant son développement, alors préalablement à cette émanation, c'était le parfait silence. *Mouvement* et *Repos*, avec les principes mâle et femelle de la nature (Force et Matière), ne sont que les descendants et l'incarnation de ce principe, qui est l'immatériel principe des deux pouvoirs, des quatre formes et des huit aspects de la nature. Nous ne pouvons pas dire qu'il n'existe point et néanmoins, nous ne lui pouvons assigner de forme et ne le pouvons décrire. Il produisit un principe mâle et un principe femelle de la nature. Ceux-ci sont appelés les pouvoirs dualistes. »

4. Le Yn-Yang

Les deux principes, dans la figuration de Chou, sont connus comme le Yang et le Yn (fig. 2). Ils ont un petit œil noir dans la partie blanche ou rouge, et un œil blanc dans la partie noire. Ces yeux, selon le Rév. D^r Du Bosc, seraient destinés à montrer qu'il y a un germe mâle dans le principe femelle et un germe femelle dans le principe mâle.

Quoique ces deux principes, ou ces pouvoirs dualistes, comme on les dénomme encore, soient maintenant presque universellement connus en Chine dans un sens phallique ou sexuel, le Dr Martin assure que les significations primitives étaient : *Yang* = la lumière, et *Yn* = l'obscurité, et que, philosophiquement parlant, ils marquaient les forces positives et négatives. Comme, toutefois, ils signifient le principe créateur, dans tous les sens du mot, la signification phallique qui leur est attachée semblerait être un corollaire des versions lumière et obscurité.

Fig. 2. — Yn-Yang.

En admettant que *Yang* et *Yn* signifient lumière et obscurité, ou idée sexuelle et créatrice, tout ce qu'il y avait à dire, en résumé, a été dit tant sur le développement de l'idée première que sur la représentation graphique. L'expansion et l'élaboration de l'idée étant cependant une tout autre matière, les avis ont été différemment exposés et par chacun de façon vraisemblable.

Le Dr S. Wells Williams, professeur de langue et de littérature chinoise à Yale College, dans ses remarques sur les notions philosophiques de Chu-Hi (et non Fuh-Hi) dit bien, au sujet de l'universelle application des pouvoirs dualistes, ou Yang et Yn : « Son système de matérialisme... peut s'adapter aux caprices de chaque individualité pensante, aussi bien qu'il peut s'appliquer, indifféremment, à tous les phénomènes qu'il rencontre et explique : chaleur et froid, lumière et obscurité, feu et eau, esprit et matière. Chaque agent, pouvoir et substance, connue ou supposée sont envisagés comme s'adaptant à ses principes et apportant une solution simple de toute question. Les changements infinis de l'univers, les actions multiformes et les réactions de la nature, dans leurs multiples conséquences diverses, visibles ou invisibles, sont aisément expliqués par cette relation de cause à effet, cette ingénieuse théorie d'évolution. »

Et tout cela tient en un rien. Il serait aisé de noter tous les sens variés de l'idée, tous les phénomènes auxquels cette méthode s'adapte étroitement. Nous allons en reproduire ici quelques-uns. Ceux qui s'adonnent à de telles spéculations les liront avec intérêt ; quant aux autres, qu'ils les regardent comme des choses capricieuses et curieuses, répandues en Chine, et symbolisant des idées.

Ainsi, nous noterons d'après le Dr Williams : « L'immensité était sans forme, en un complet chaos. Tout n'était que confusion. L'ordre fut le premier engendré dans le pur éther et de l'ordre provint l'Univers. L'Univers produisit l'air ; et l'air, la Voie lactée.

» Quand le pur principe mâle Yang eut été dilué, il forma les cieux ; les parties lourdes et grossières se coagulèrent et formèrent la terre. Les particules purifiées s'unirent bientôt, mais la cohésion des parties grossières et lourdes ne se fit que lentement. C'est pourquoi les Cieux furent formés les premiers et la terre ensuite. Les principes dualistes Yn et Yang étaient formés de la subtile essence du ciel et de la terre. De leur jonction provinrent les quatre saisons qui, unissant leurs forces, donnèrent naissance aux produits de la terre. Condensée, l'effluve chaude de Yang produisit le feu, dont les molécules les plus pures ont formé le soleil. Les froides exhalaisons du principe Yn, également condensées, produisirent l'eau, dont les plus pures molécules ont formé la lune. »

Il n'est pas difficile d'apercevoir, dans cette explication, une similitude frapante avec l'hypothèse actuelle de la nébuleuse. Un coup d'œil sur le développement de cette théorie montrera tout de suite les ressemblances.

Sir John F. Davis, dans son *Histoire de la Chine* note les commentaires de Choo-Foo-TsE, déjà mentionnés, ainsi qu'il suit :
« Le principe céleste était mâle ; le principe terrestre, femelle. Toute la nature, animée ou inanimée, peut être partagée en masculine et féminine. Les productions végétales, elles-mêmes, sont mâles et femelles. Il y a, par exemple : le chanvre femelle, le bambou mâle et femelle. Rien n'existe qui soit indépendant de Yn et Yang. Les Chinois étendent ces dénominations à toutes les choses de la nature, dont beaucoup ont leur genre propre. L'unité et les nombres impairs sont mâles ; deux et les nombres pairs sont femelles.

» Ce qui précède pourrait être appelé, avec quelque impropriété, il est vrai, le système sexuel de l'univers.

Fig. 3. Ces deux caractères chinois représentent l'état de la nature avant toute chose (Rien).

Choo-Foo-Tsé soutient que, lorsque de l'union de Yang et de Yn toutes les existences, animées ou inanimées, ont été engendrées, le principe sexuel a été communiqué à toutes les choses engendrées, devenant inhérent à elles. Ainsi, les cieux, le soleil, le jour, etc., sont considérés comme étant du genre mâle. La terre, la lune, la nuit, etc. comme étant du genre femelle. Cette notion, qui règne dans toutes les branches des connaissances chinoises, se rencontre même dans les théories anatomique et médicale. Constamment les Chinois s'y réfèrent à propos de tout sujet. »

Le Dr Martin dit (*Les Chinois*, p. 126), « Woo-Kich produisit Tai-Kich (fig. 3, 4 et 5), Tai-Kich produisit Yang et Yn, et ces principes dualistes engendrent toutes choses. Telle est la cosmogonie lucide des Chinois, qui donne un peu plus de clarté aux expressions habituelles « Grand Extrême, Principes mâle et femelle », etc...

Fig. 4.
(Cercle rond.)

Il ajoute encore (pp. 162-163) : « L'exposé commun donné dans les histoires chinoises peut être rendu librement de la façon suivante: l'indéfini (fig. 3, Woo-Kich) produit le fini ou défini (fig. 4, Tai-Kich). A ce moment, les éléments de la nature sont à l'état de chaos. Le chaos donna naissance au principe de Yang, ou lumière. Yang produisit Yn, etc. Dès lors, l'obscurité accompagne la lumière dans toutes les transformations qui se font, et Yang et Yn ensemble (fig. 5) engendrèrent toutes les choses par les altérations successives du jour et de la nuit et la succession des saisons. »

Commentant cette théorie, le Dʳ Martin écrit : « Avec, au début, cette simple idée ; Yang et Yn furent, par la suite, graduellement métamorphosés en de mystérieuses entités, et la création d'un système universel sexuel et l'incessante activité de chaque chose de la nature devinrent la source de la plus profonde philosophie, en même temps que l'aliment de la plus grossière superstition. »

Nous n'irons pas plus loin en cette discussion abstruse, espérant avoir donné un aperçu suffisant de la grande monade.

Les métaphysiciens ont noté un parallélisme existant entre Yang et Yn et l'œuf mondial des Egyptiens. Ils ont vu des coïncidences, des rapports entre ces deux principes et les philosophies des autres nations, Perse, Inde, etc., voire même avec les enseignements du Christ.

Fig. 5.
Le cercle rond se divise en deux parties qui sont mâle et femelle.

Ce symbole est très communément employé par les Chinois, dans les affaires ordinaires de la vie. Suspendu au-dessus des portes des résidences, talisman puissant, il chasse, il dispense les influences néfastes et diaboliques. Il est fort employé par les nécromanciens et les diseurs de bonne aventure. La forme japonaise de la monade est aussi employée comme un symbole de bonne fortune.

5. Les Pa Koua

Une autre forme, très répandue aussi, de ce symbole est donnée par la figure suivante (fig. 6) où l'on voit le Tai-Kich, ou Yang et Yn, entourés des huit diagrammes. Lorsqu'il est de petite dimension, ce symbole

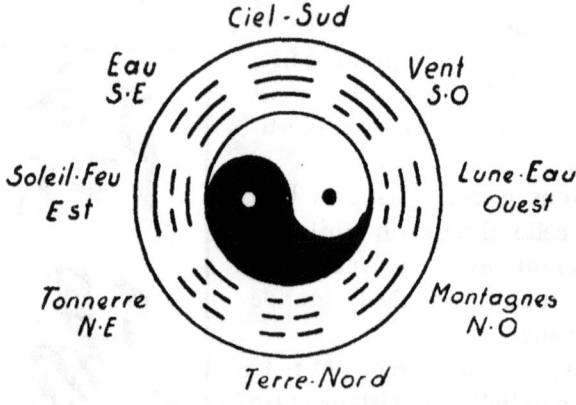

Fig. 6. — Les Pa-Koua.

peut être porté autour du cou. On en place de grands au-dessus des portes et toujours pour éloigner les esprits diaboliques.

Yn et Yang sont noir et rouge, le fond est gris, et les huit diagrammes ressortent en caractères en cuivre.

Le R. P. Roger, missionnaire, en a rencontré en ornementation de pagodes, à l'avant des jonques et sur des broderies.

6. Le Tah-Gook coréen

Bien que la monade soit d'origine chinoise, on la rencontre aussi sur le drapeau coréen. Cet emblème, du reste, se trouve même jusqu'au Japon. En Corée, on l'appelle Tah-Gook (prononciation coréenne de Thaï-Kieh) et ses significations sont identiques aux interprétations chinoises. Le Tah-Gook est l'emblème national de la Corée.

« Le mot Corée, dit M. Holt, dérive de Kao, le premier roi, Kaoli étant la forme coréenne. Les Coréens, parlant de leur pays, emploient deux mots chinois :

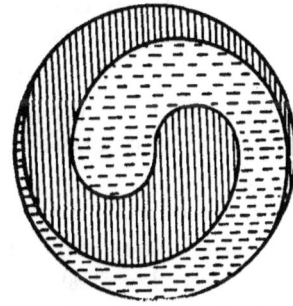

Fig. 7. — Tah-Gook.

Fig. 8.
Signe japonais.

« Chao Sien » prononcés par eux « Chosen » et signifiant « avant l'aurore » ou « matin calme ». Le nom Corée, par contre, signifierait, en traduction libre : « le pays du matin calme ». C'est de là que nous avons tiré notre mot : Corée. »

Les deux principes de la nature — le Yang et le Yn chinois — sont rouge et bleu dans le Tah-Gook (fig. 7), rouge étant la couleur royale, et bleu, la couleur de l'est, du matin. Le Tah-Gook, dès lors, signifie pour les Coréens : « L'Empire du matin. »

Les Coréens disposent Yang et Yn horizontalement ou angulairement.

Les Japonais emploient trois têtes au lieu de deux (fig. 8) et les couleurs sont rouge, bleue et verte. Les Japonais, les gens du peuple du moins, regardent ce symbole avec un respect superstitieux. Ils en ont de la grandeur d'un demi-dollar qu'ils portent dans les manches de leur « kimono » comme talisman.

7. Les deux forces

Nous pensons avoir cité suffisamment sources et articles, pour que le lecteur voie dans le symbole décrit le pouvoir de marquer deux aspects concrets et complémentaires de l'univers, qui s'opposent dans l'espace et alternent dans le temps, permettant ainsi de classer par couple toutes les apparences sensibles.

(On remarquera que la différence entre le Yn-Yang donné dans le *Manuel de radiesthésie*, page 67, figure 24, et celui de la figure 2 précédente est due à une addition postérieure à la représentation première, les espèces d'antennes entrant d'une forme dans l'autre, paraissant bien être des attributs sexuels destinés à insister plus encore sur l'idée mâle et femelle représentée par la figure aux réactions si caractéristiques pour le pendulisant.)

Forces attractives ou répulsives, interchangeables parfois, nous sommes en plein magnétisme terrestre ou en formules électriques. Aimants et champs magnétiques, pôles électriques, nous demeurons au xxe siècle tous les jours en présence de deux forces matérielles démontrables et agissantes, que l'on retrouve en termes semblables immatériels dans la lutte entre le Bien et le Mal.

II. Autres vues en arrière

1. L'Egypte. — 2. La Pyramide de Chéops. — 3. Martine de Bertereau. — 4. Intermède. — 5. La Verge de Jacob.

1. L'Egypte

« On a noté un parallélisme entre Yang et Yn et l'œuf mondial des Egyptiens. » Comme l'a vu le lecteur, tout semblant se rattacher à une notion de forme, dans la métaphysique chinoise, nous avons cherché en Egypte les formes courantes, figures ou masses, pour les examiner radiesthésiquement.

Mais déjà en remontant sur carte le cours du Nil, nous avons remarqué, après M° Brouard, les réactions fort bizarres pour certains sujets sensibles données par la Vallée des Rois, région où, dit-on, les aviateurs eux-mêmes sont victimes de difficultés de navigation dangereuses.

Cela confirme ce que nous savons des accidents survenus à certains savants qui visitèrent des tombeaux égyptiens, ou seulement firent des études sur statuettes ou objets en provenant. Il existe autour des tombes comme autour des momies, sarcophages, objets rituels, des ondes nocives ou des zones de défense indéniables.

Reprenant la « forme », nous avons pu constater la position régulière des statuettes que nous dessinons et donnons en photo (fig. 9 et 11) et la stabilité de certaines radiations ressenties au pendule et nous causant personnellement une sensation d'étouffement. Il est à noter que les vernis contenant zinc ou cuivre ne sont pas nécessaire à cette émission, les ondes de ces métaux

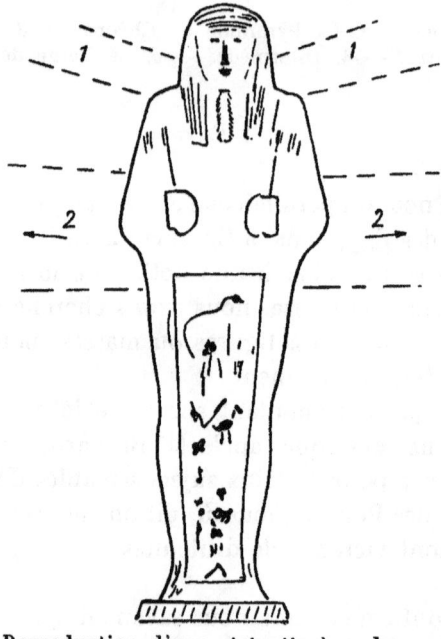

Fig. 9. — Reproduction d'une statuette à ondes nocives, affectant particulièrement la tête des gens atteints. 1-2 départ des ondes nocives. Matière : espèce de grès verni contenant du zinc (venin ?)
(Appartenant à Mme A..., Paris.)

semblant portées sur celles données par la position des statuettes.

Les premiers opérateurs qui parlèrent des « ondes nocives » signalaient eaux, cavités, failles comme causes ordinaires du phénomène. Or, tant autour des tombeaux qu'auprès ou au-dessous des Pyramides, il faut chercher autre chose, et bien être obligé d'admettre une technique spéciale contre les violations de sépultures, d'une part, avec, d'autre part, l'existence d'objets ou de méthodes garantissant les prêtres ou les pharaons contre ces ondes lorsque leur vie ou leurs cérémonies les amenaient auprès des mânes de leurs ancêtres.

Tandis que nos amis, MM. de Belizal et Chaumery approfondissaient ce riche domaine, nous nous sommes limité à la forme massive type, la pyramide égyptienne.

2. LA PYRAMIDE DE CHÉOPS

Connue du grand public par les travaux de vulgarisation de l'abbé Moreux [1], celle-ci semble la synthèse, en un monument à l'épreuve du temps, de toutes les connaissances de l'antiquité, pour servir aux mondes à venir.

L'emploi de la coudée égyptienne (*sarès*) (dix-millionième partie du quart du méridien terrestre) qui permettrait, en astronomie, des mesures plus précises que le pied anglais ou le mètre, indique déjà la précision du travail. L'emplacement unique de la Grande Pyramide, calculé pour que le voyageur d'en bas en voie le sommet à un point exact, compte tenu de la réfraction solaire, montre une méthode de réalisation parfaite.

On trouvera dans le livre *La science mystérieuse des Pharaons* toute une masse d'autres mesures et concordances avec nos connaissances actuelles ou avec celles des Hébreux notamment, qui appellent l'investigation radiesthésique.

---

[1] Et rappelée à l'attention au moment même où nous terminons cet ouvrage par le livre *Le Secret de la grande Pyramide* de G. BARBARIN.

Notons seulement la position de la pyramide placée pour que *ses faces* regardent exactement les quatre points cardinaux. En faisant une réduction exacte, d'après les mesures données par l'abbé Moreux, nous avons obtenu des pyramides de bois, teck ou chêne, qui

Fig. 10.

nous ont bientôt donné la « ressemblance » annoncée avec le Yn-Yang.

Alors que la pyramide placée comme en Egypte, faces aux points cardinaux, ne nous donnait aucune réaction extérieure lointaine mais seulement des oscillations tirant le pendule vers elle, la même pyramide placée angles aux points cardinaux devenait un puissant émetteur. On verra plus loin l'application que nous en avons tirée.

Si l'on regarde comment se partagent l'ombre et la lumière suivant la marche du soleil sur le bloc pyramidal, alors que trois faces sur quatre restent éclairées dans la position égyptienne, il n'y en a que deux sur quatre, c'est-à-dire la moitié dans la position « émettrice », et le tracé ombre-lumière en plan nous rappelle clairement le noir et le blanc du Yn-Yang (voir fig. 10).

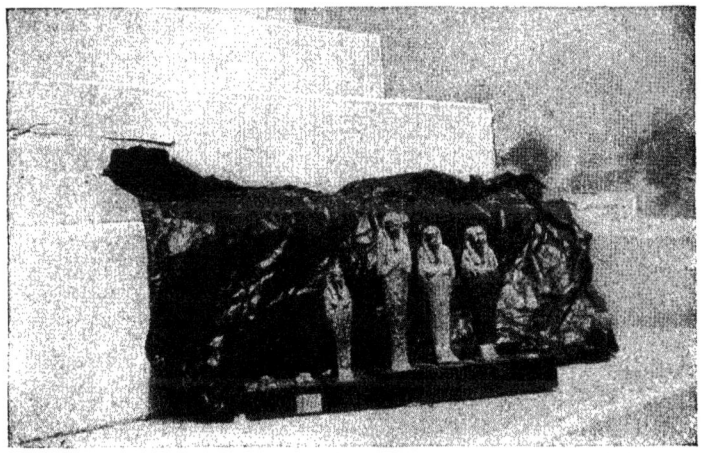

Fig. 11.

3. Martine de Bertereau

Nous en étions là, lorsque parallèlement nous lisions que les radiesthésistes prenaient comme « patronne » Martine de Bertereau, dame et baronne de Beausoleil et d'Auffenbach, connue par ses découvertes et par son livre devenu fort rare : *La restitution de Pluton*, publié à Paris, chez Hervé du Mesnil, rue Saint-Jacques, à la Samaritaine, en 1639 — puis sous la plume du colonel de France de Tersant l'affirmation suivante : « La baguette divinatoire n'a aucun rapport avec la sorcellerie ou les sciences métapsychiques. Elle est, comme le pendule, un instrument de recherches purement physiques et si l'équation individuelle joue un rôle important dans les résultats, il est certain que n'importe qui... est susceptible de devenir sourcier », — enfin, un article des *Etudes traditionnelles* indiquant que la radiesthésie n'a rien d'une discipline scientifique, qu'elle n'est que la pratique de la « baguette divinatoire » couverte par un fatras de formules et qu'il ne manque au monde « pendulisant » ni les hommes d'affaires qui montent des sociétés anonymes, ni même quelques aigrefins.

Nous verrons, dans la troisième partie de ce livre, ce que nous devons retenir de ces affirmations contradictoires, mais restant dans le passé, nous avons d'abord relu la *Restitution de Pluton*.

Il y a, en réalité, peu de choses en cet ouvrage sur la radiesthésie en elle-même. On y trouve cinq règles pour connaître les lieux où « croissent » les métaux :

1° Ouverture de la terre (géologie) ;
2° Herbes et plantes ;
3° Goût des eaux ;
4° Vapeurs se dégageant du sol au soleil levant ;
5° L'usage des sept verges métalliques.

Le lecteur trouvera dans l'Introduction du *Manuel théorique et pratique de radiesthésie* l'explication de ces baguettes syntonisées.

A la page 30 du livre de Martine de Bertereau (qui employait bien certains instruments d'allure magique), on rencontre des éléments d'alchimie concernant la transmutation des métaux, le grand œuvre. (Cette recherche tant passionnée du Moyen Age est encore bien fixée au fond des idées modernes, et nous avons lu sans étonnement l'un des derniers romans d'André Armandy *La quatrième corde* qui met en jeu des gangsters modernes aux prises avec l'or mué en plomb vil !)

Dès la page 44, l'auteur nous apprend que les conducteurs de mines doivent connaître bon nombre de sciences, et premièrement l'astrologie... afin qu'ils puissent prévoir les pestes, les guerres, les famines, les inondations des eaux, *pour couper les bois...* composer et fabriquer les sept verges métalliques et instruments hydrauliques *sous les ascendants* des planètes qui gouvernent les métaux et minéraux à quoi on veut les appliquer pour la découverte d'iceux... comme aussi pour connaître les tempéraments et inclinations des hommes, car, comme dit saint Thomas : Dieu tout-puissant a accoutumé de distribuer toutes les choses qui servent à l'usage de l'homme... par le moyen des Anges et des Corps célestes ; et au chapitre 82 il dit que les Corps célestes sont cause de tous les mouvements et altérations qui se font en ce bas monde ; et aux chapitres 54, 86 et 89, il enseigne en paroles expresses que Dieu régit et gouverne les corps inférieurs par le moyen des supérieurs, c'est-à-dire par les cieux et les étoiles...

4. Intermède

Il semble donc que les radiesthésistes ont choisi, en leur « patronne » une personnalité pleine de l'empirisme antique, c'est-à-dire aussi opposée que possible à l'affirmation du colonel de Tersant citée plus haut, affirmation identique à celles des sciences modernes qui font tout venir de l'expérience, particulièrement de l'expérience sensible.

Ils ont donc choisi la tenante des sciences hermétiques contre ceux d'entre eux qui se cramponnent ou s'installent dans la science profane.

Autre démonstration de la dualité de vue des tendances radiesthésiques (cf. *Avertissement*) et ce, d'autant plus cruciale que la moderne rabdomancie allait vouloir jeter le pont entre matière et esprit qu'elle devait indifféremment prospecter !

Dans les sympathies entre astres et métaux, de Mme de Beausoleil, prenons pour terminer celle qui a trait à son nom et qui semble justifier la difficulté de la recherche radiesthésique de l'or (rayon fondamental essentiellement variable et en liaison avec l'heure) : « L'or, roy des métaux, est enfant du soleil n'admettant pas plus de rouille en soi que son père d'obscurité... »

5. « La verge de Jacob »

Sous ce titre et avec mention *Ou l'art de rechercher les trésors*, paraissait, à Lyon, chez Hilaire Boitel, rue Mercière, à la Constance, en 1693, un petit ouvrage manifestement inspiré de ceux de Mme de Bertereau et de l'abbé de Vallemont.

Nous y avons trouvé un passage intéressant la recherche des bornes et limites, attribuant curieusement aux bornes mises en place une vertu particulière.

Leur profondeur, lorsqu'elles sont disparues, se découvre de même manière que celle des sources et des ruines, et après avoir traversé la largeur des limites, le mouvement contraire de la baguette cesse à la distance de leur profondeur.

Les chemins et sentiers tracés auraient aussi la possibilité de faire mouvoir la baguette et il faudrait faire toucher le sol par la baguette pour s'assurer (parce qu'elle s'arrête ensuite) que c'est le chemin battu qui la fait mouvoir et non pas de l'eau, par exemple.

Les ouvrages postérieurs parlant de la baguette n'apportent rien de particulièrement intéressant, et donnent des ébauches de théories reliées au magnétisme pour l'explication de phénomènes qu'ils ne contestent d'ailleurs pas.

Nous arrêterons donc là leurs citations pour passer à l'exposé de nos recherches ou dernières méthodes personnelles ou non.

DEUXIÈME PARTIE

RÉALISATIONS ACTUELLES

I. Méthodes nouvelles

1. Les couleurs dans les Pakoua. — 2. Yn-Yang colorés. — 3. Méthode « chinoise ». — 4. Méthode « égyptienne ». — 5. Pakoua nocifs et pyramide muette.

1. Les couleurs dans les Pakoua

La représentation des Pakoua donnée au premier chapitre de ce livre diffère légèrement de celle rapportée par le Dr Regnault dans *Guérir* et reproduite par M. Turenne dans son dernier livre. La disposition des traits pleins ou coupés placés au centre ne correspond pas à ce qu'elle est ici : parmi les auteurs l'ayant tracée exactement, on nous a cité Saint-Yves d'Alveydre, occultiste.

Dès lors, lorsque nous avons voulu rechercher la syntonie des couleurs et des groupes de traits dans cette figure, nous avons eu des difficultés que nous pensions dues à cette différence. Cependant, elle n'a pas paru gênante ensuite et la cause de ces tâtonnements était dans la position de notre habitation (voir chapitre *Les ondes nocives*).

En définitive, et hors de notre appartement, nous avons constaté la réalité des couleurs d'après M. Turenne, c'est-à-dire du nord au sud : orange, jaune, vert, bleu, indigo ; et du sud au nord : indigo, violet, blanc et noir dans le secteur ouest (avec la couleur, dénommée à tort, ultra-blanc), rouge et orange.

La position des Pakoua doit être le secteur de trois traits coupés au nord (orange) et de trois traits pleins au sud.

2. Yn-Yang colorés

D'après le Dr Regnault, des Yn-Yang vert et rouge

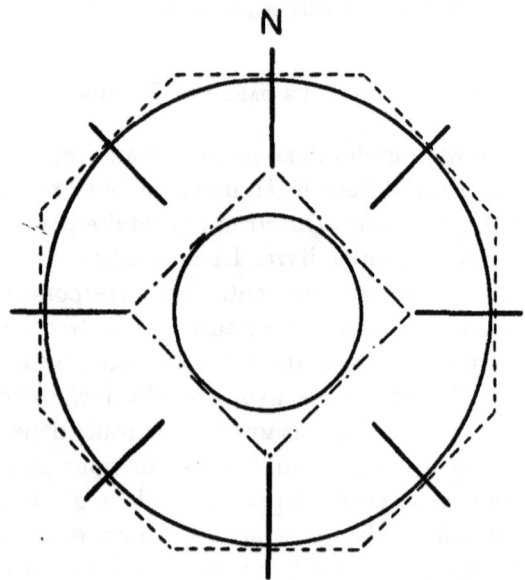

Fig. 12.
Cercle pour méthodes « chinoise et égyptienne ».

étaient aussi utilisés par les Chinois. Mais tandis que le dessin noir et blanc ne nous gênait pas, le vert et rouge vint causer par sa proximité des troubles dans nos détections.

En effet, placé de telle manière que l'axe des yeux soit est-ouest, avec le vert au sud, le disque devient émetteur d'une onde perturbatrice, analogue à celle donnée par certaines formes géométriques et aussi par le témoin 93. En un point voisin de la limite des deux couleurs, sur le vert, naît une onde verticale d'apparence nocive pour toutes les personnes que nous avons pu soumettre à l'expérience, onde dont il est heureusement facile de se garer en faisant pivoter le disque.

Nous sommes donc sur une arme à deux tranchants, susceptible de protection selon les Chinois, ou tout au moins génératrice d'ondes porteuses favorables aux recherches radiesthésiques pour nous, mais pouvant devenir néfastes pour le profane.

Les Yn-Yang rouge et noir, ou rouge et bleu, n'ont pas donné cette réaction nocive et nous les avons considérées comme des répliques heureuses du noir et blanc.

La combinaison des Yn-Yang et des Pakoua, d'après ces données, devait nous permettre la recherche des maladies et depuis plusieurs mois ce procédé nous donne satisfaction. Nous avons vu à la page 125 du dernier livre de M. Turenne que cet auteur avait aussi pensé à l'employer.

3. MÉTHODE « CHINOISE »

Nous avons fait établir, en contre-plaqué, des disques et des octogones destinés à porter les signes et, afin de rester dans la position sûre, nous plaçons l'ensemble sur un papier dessinant un cercle avec huit rayons équidistants, l'un d'eux étant toujours le nord. Devant simplement servir à jalonner la position de l'appareil, ces rayons ne vont pas au centre du cercle (voir figure) car, par la suite, nous avons utilisé le même papier support pour la méthode « égyptienne ».

Afin de ne pas fatiguer le lecteur, indiquons tout de suite comment travailler et les résultats.

54 THÉORIES ET PROCÉDÉS RADIESTHÉSIQUES

A. *Travail diurne* : la position de l'ensemble est celle de la figure 13. L'axe passant par les yeux est nord-sud, le noir étant au nord. Placer le témoin [urine, sang, cheveux, papier salivé, ou frottis de peau — papier énergiquement frotté sur la peau d'un sujet ou seulement

Fig. 13. — Travail diurne « chinois ».

imprégné quelque temps à même la peau (Dr Breffeil)] — au milieu du Yn-Yang, de façon à être réparti sur le blanc et le noir et de réunir en quelque sorte les deux couleurs à travers le témoin.

Promener le pendule (noir de préférence) à partir d'un point quelconque de l'octogone, en en faisant le tour dans un sens ou dans l'autre. On ne tarde pas à remarquer que le pendule gire sur certains secteurs et oscille seulement ou reste neutre sur d'autres. Les points de giration indiquent des ondes de maladies, ondes comprises dans les gammes colorées correspondantes.

L'opérateur prenant en main les témoins microbiens en sa possession redressera la giration en une oscillation, allant vers le centre du disque, au moment où il aura en main le témoin correspondant. On peut également placer les souches microbiennes sur le secteur du Pakoua, ou même en dehors de lui, dans sa projection extérieure jusqu'à redressement de la giration par le témoin exact. A noter que le travail peut se faire à longue distance (plusieurs mètres) du Yn-Yang.

Les correspondances des maladies et des couleurs se retrouveront page 156 de notre *Manuel de radiesthésie* et peuvent être complétées, en attendant d'autres résultats, par celles-ci :

H. 25 (jaune) acide oxalique en excès, eczéma ;

H. 55 (vert) pyogène, cholestérine, indol, calculs biliaires ;

H. 62 (bleu) calculs urinaires, cirrhose ;

H. 68 (indigo) scatol, calculs des reins.

L'intoxication massive alcoolique se trouve au jaune et à l'indigo, tandis que l'abus de la cocaïne se retrouve à 68 seulement (indigo).

On ne trouvera de réaction sur le violet que si aucune autre position n'a donné d'accrochage. Mais, et ceci vient aider notre position dans cet « ultra-blanc » indésirable, dans certains cancers on rencontre après l'accord du vert une giration de *sens opposé*[1] à la précédente, juste à l'ouest du système, entre noir et blanc.

B. *Travail nocturne* à lumière artificielle : pour obtenir, de façon constante, les mêmes résultats que de jour, il faudra inverser la position du Yn-Yang au centre des

---

[1] Sur les sens de rotation, voir 3e partie *Astrologie*.

Pakoua. C'est-à-dire : avoir la partie blanche au nord, l'axe des yeux restant nord-sud.

Il reste loisible aux expérimentateurs, à condition de travailler toujours au même endroit, d'essayer toutes autres positions tant du disque Yn-Yang que des Pakoua, pour obtenir, sans témoins, l'annihilation d'un indice de maladie, par exemple, ce qui pourrait être un essai de thérapeutique, par les couleurs, ou pour constater des réactions pendulaires particulières.

Il faut aussi tenir compte, après expérience terminée, de la nécessité de « désimprégner » le support du témoin, soit le Yn-Yang. On opérera au soufre, mais on peut, si l'on n'est pas pressé, simplement placer le Yn-Yang axe des yeux est-ouest pendant quelque temps (variable de 15 minutes à quelques heures) pour obtenir la désimprégnation.

4. Méthode « égyptienne »

Celle-ci découle de celle-là. A la place de l'appareillage « chinois », nous plaçons sur le papier portant le cercle aux huit rayons notre pyramide en réduction. Son orientation est rendue instantanée par ces rayons.

Il faut placer, jour et nuit, la pyramide angles aux points cardinaux pour opérer. Nous n'avons pas remarqué de variations diurnes-nocturnes importantes (fig. 14).

Le témoin qui va servir aux recherches devra être ici aussi plat que possible pour être inséré sous la base de la pyramide en son centre et ne pas en déborder (cheveux, sang sur buvard, frottis, ouate, et ici plus facilement que dans le procédé précédent : écriture d'un sujet).

Le pendule, ou la baguette dont je n'ai pas parlé

auparavant, peuvent être employés même loin de l'ensemble de recherche, ce qui permet parfois de différencier nettement les huit secteurs à considérer.

Partant du nord, ou d'un point quelconque, il faut faire le tour et constater les mêmes réactions que dans

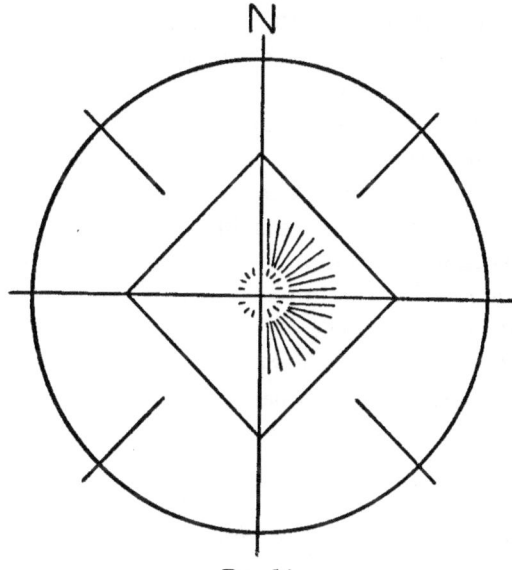

Fig. 14.

notre méthode « chinoise », les secteurs couleurs-maladies étant identiques, on placera les souches microbiennes dans le secteur de girations jusqu'à arrêt de celles-ci, ce qui indiquera la maladie exacte.

La virulence d'une affection peut se chiffrer sur dix, mentalement, en opérant sur le témoin qui vient de déceler cette affection (comme dans la formule d'analyse mentale, page 116 de notre *Manuel*).

Ici aussi la désimprégnation est obligatoire et ne peut s'opérer par le changement de position de la pyramide.

Le soufre nous donne satisfaction. Penser à décharger le papier portant le cercle gradué qui a été aussi au contact du témoin venant du malade.

5. Pakoua nocifs et pyramide muette

Si nous utilisons, dans le procédé « chinois », le Yn-Yang rouge-vert comme support d'une souche de maladie, nous retrouverons dans des secteurs déterminés des réactions pendulaires donnant des girations de sens opposé à celui des girations normales à l'opérateur. Il y a une émission non plus sans danger mais de caractère nocif que nous avons pu démontrer sur certains sujets particulièrement sensibles, en provoquant chez eux, dans la projection d'un secteur « maladie », des troubles rapides ou simplement des sensations de brûlure, de nausées, etc., réelles (et non pas provoquées par un phénomène télépathique allant de nous-même au sujet, celui-ci n'étant pas prévenu et ces observations ayant eu lieu dans des cas fortuits, plusieurs fois).

La pyramide placée faces aux points cardinaux est muette, lorsqu'on introduit sous elle un témoin. Pas de réaction, même décalée, lorsque nous promenons notre pendule autour d'elle. Mais cette position est plutôt une self-défense, car si nous posons alors, à proximité, un témoin correspondant à la souche placée sous la pyramide, nous constaterons un accrochage beaucoup plus violent que ne supposerait la loi de sympathie entre les deux souches et, dans certaines directions, la giration nocive indiquant alors que la pyramide se « défend ».

Si bizarre que puissent paraître ces résultats, nous avons vu plusieurs de nos amis les reproduire et nous ne doutons pas qu'ils puissent donner matière à des recherches particulières, pour lesquelles il y aura lieu de prendre des précautions.

II. Instruments divers

1. Incursion astrologique. — 2. La baguette Pluton. — 3. Essais sur l'eau. — 4. Autres résultats. — 5. Pendules colorés à aiguille. — 6. Ondemètre d'absorption. — 7. Appareils particuliers. — 8. Un émetteur d'ondes.

1. Incursion astrologique

Un remarquable article de L. Merah dans *Consolation*, que nous aurons à citer en troisième partie de cet ouvrage, donne sur la planète Pluton, vue « astrologiquement », des indications curieuses, relatives aux sourciers :

« L'influence de Pluton incline vers l'intensification des expériences, par tous les moyens utilisables en radiesthésie et les plus propres à l'enregistrement des ondes, à leur discernement.

» Comme toutes les planètes transcendantes, elle a fait sentir son influence bien avant sa découverte, mais ce n'est que depuis 1930, époque où il fut possible de vérifier sa place exacte dans le ciel, que la radiesthésie a véritablement pris une activité marquante.

» Pluton contient dans son symbole :
» 1° La baguette ;
» 2° Le pendule ;
» 3° La croix.

» Cette dernière symbolise les quatre points cardinaux dont il faut tenir compte au cours des expériences de prospection. En outre, par son analogie avec la terre, la croix exige de l'opérateur une attention soutenue, un travail persévérant, des efforts personnels constants, un contrôle méthodique des ondes telluriques, une observation attentive des zones obscures, qu'il faut apprendre à discerner.

Fig. 15. Symbole de Pluton.

» Il n'est pas douteux que l'influence de Pluton va permettre aux esprits soucieux de vérifications rigoureusement scientifiques, de mettre au point de nouveaux et indiscutables biomètres en même temps que la construction d'appareils réduits facilitant la prospection sur terrains, sur plans, sur tous êtres vivants ou morts, détectant enfin toutes ondes à distance, autant de phénomènes connus et vérifiés depuis longtemps par les empiriques.

» Cette planète force la vérité à se faire sur beaucoup de sujets et en particulier sur celui qui est le plus d'actualité : la radiesthésie, qui obtient autant de succès que l'astrologie.

» Pluton, avec sa croix centrale unissant la pratique et la science, est l'image même du radiesthésiste accompli. Ce symbole témoigne que baguettisants, scientifiques et pendulisants, se trouveront un jour unis en un fraternel accord. »

Le symbole de Pluton reproduit dans cet article était malheureusement erroné, la boule terminale y ayant été de proportion beaucoup trop grosse, ce qui a pu contrarier certains chercheurs. Le symbole réel, figure 15, dont nous avions déjà maintes fois causé avec l'auteur de l'article, nous incita à créer une nouvelle baguette.

2. La baguette Pluton

C'est la réalisation exacte du symbole de la planète. Nous utilisons des baguettes de baleine ronde de 5 mm., longues de 35 à 40 cm., longueur nécessaire à cause du poids apporté à l'extrémité par autres accessoires, afin que le mouvement demeure net.

Abattons légèrement le rond des baguettes pour les jointer sans qu'elles se chevauchent en travail et faisons une ligature noire de 4 cm., laissant 2 cm. libres en pointe. Ensuite, à la lime, diminuons sur 10 mm. de long, l'extrémité de notre baguette pour l'amener à 5 mm. de diamètre (fig. 16).

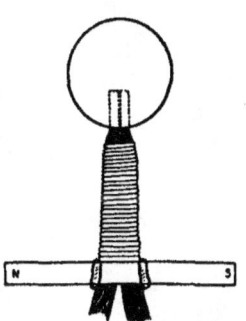

Fig. 16. — Extrémité baguette Pluton.

Nous avons ainsi une baguette ordinaire universelle que nous pouvons utiliser comme telle sans difficulté, mais transformable instantanément.

Nous avons préparé dix pendules colorés (spectre, plus noir, blanc et gris) en buis, du modèle que nous employons couramment, mais percés sur 12 mm. d'un trou de 5 mm.

Nous pourrons ajuster en bout de la baguette l'une ou l'autre de ces boules (le cercle terminal du symbole de Pluton).

Enfin, au lieu d'emporter sur nous une boussole ordinaire, nous remplaçons celle-ci par un barreau aimanté de 10 cm. de long, à section carrée de 5 mm. Placé sur un pivot non magnétique, le barreau s'oriente aussitôt remplaçant la boussole. Cet accessoire se trouve couramment, actuellement chez les fournisseurs de matériel radiesthésique, même avec étui et pivot.

Il n'y a plus qu'à fixer le barreau sur la pointe de flamme de la baguette (en observation du symbole) et ce, par un caoutchouc empêchant le mouvement latéral du barreau, pour obtenir la baguette Pluton (la tige aimantée formant les bras de la croix).

Les boules terminales sont d'un diamètre de 27 mm. Bien entendu, ces dimensions n'ont rien d'absolu, mais cependant on ne saurait les modifier beaucoup sans altérer les mouvements, rendus plus difficiles déjà pour les opérateurs peu sensibles.

Avec la baguette Pluton dans l'Allier.

3. Essais sur l'eau

Le lecteur aura noté tout de suite, que la baguette Pluton peut se tenir de deux façons, de manière à ce que l'opérateur ait, à sa droite, tantôt le pôle nord de l'aimant, tantôt le pôle sud, et inversement, positions qui ne sont pas indifférentes comme on va le voir.

D'abord, notons tout de suite que la réaction obtenue avec une baguette à boule noire sur l'eau est très petite alors que l'emploi d'une boule verte (série 7 en vert) devient amplificateur et donne des mouvements précis.

Mais ces mouvements sont particuliers, parfois opposés à ceux admis habituellement. En effet, sont ressentis et marqués :

a) Les 45 degrés ;
b) Le bord du courant ;
c) Le second bord du courant ;

RÉALISATIONS ACTUELLES 63

d) Les 45 degrés à nouveau.

La baguette ne tourne pas devant la traversée du courant, elle en marque seulement les deux bords.

Pour nous-même, la baguette Pluton à bout vert, se relève si le côté nord de l'aimant est dirigé *vers* la source, et s'abaisse si c'est le côté sud.

Enfin, bien que le sens du courant soit marqué ainsi, si nous nous plaçons dans le courant, comme avec une baguette ordinaire, *il n'y a pas* de mouvement lorsque l'on remonte vers la source mais seulement lorsqu'on descend le courant.

Dans ce cas, nord à gauche du courant, sud à droite, la baguette tourne vers le haut. Sud à gauche et nord à droite, elle tourne vers le bas — selon schéma de la figure 17.

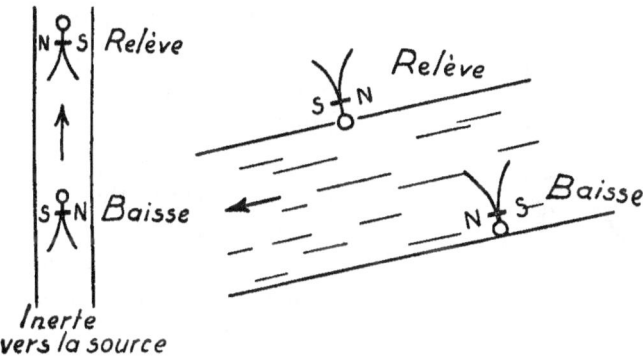

Fig. 17. — Réactions de la baguette Pluton.

Nous avons demandé à une élève de reprendre la recherche sur un point d'eau, afin de contrôler si les résultats demeuraient identiques ou non avec une polarité différente de l'opérateur :

Pour la femme, les mouvements de la baguette Pluton *sont inversés* par rapport aux précédents si elle tient l'instrument de la façon précitée avec pôles aux mêmes points.

Pour obtenir les mouvements identiques à nos exemples, une personne de polarité opposée devra donc renverser les pôles de l'aimant.

Si l'on diminue le poids de la barre aimantée, en conservant la même disposition (barre plus mince), la baguette a alors tendance à marquer d'autres lignes que celle des 45 degrés.

Nota. — Eviter de fixer l'aimant par une méthode à vis, le pas ou le sens du pas de vis paraissant gêner. Il est préférable d'utiliser, à notre avis, la baguette ordinaire transformable à volonté.

4. Autres résultats

Sur des corps différents, enfouis ou non, nous constaterons l'amplification des mouvements (ascendant ou descendant suivant polarité) selon que le pôle nord de l'aimant se trouve à droite ou à gauche de l'opérateur.

Nous marquons les séries beaucoup plus facilement en amplifiant le mouvement de redressement,, avec le pôle nord à notre droite, la boule terminale colorée formant témoin. Il est vraisemblable qu'une baguette Pluton spéciale pourra utiliser une boule creuse en son extrémité pour y recevoir tel ou tel témoin du corps cherché.

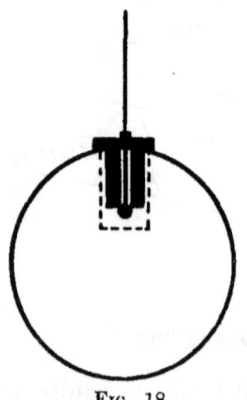

Fig. 18.

D'autre part, un cylindre d'ébonite calibré par exemple de 5 mm. de diamètre percé d'un trou central pour passage de fil de suspension permet la transformation instantanée en pendule (pour tous contrôles utiles) de telle ou telle boule terminale de la trousse Pluton (fig. 18). Noter de toujours éviter le pas de vis ici aussi. Qu'on l'adapte en pendule ou en extrémité, la boule doit se tenir par frottement léger si l'on veut éviter les troubles dus à un vissage quelconque.

Par suite de la netteté des réactions, nous serions heureux de voir des opérateurs s'occuper du sexe des œufs ou des bêtes par le procédé Pluton afin d'arriver à rapprocher des 100 % les résultats qui demeurent encore médiocres, pour beaucoup de personnes, en ce domaine.

5. Pendules multicolorés

Nous avons établi des pendules d'essais avec secteurs colorés et suspension au point de jonction des secteurs,

Fig. 19. — Pendules multi-colorés et aiguilles de marquage.

dans l'intention de trouver un moyen de se servir au choix de l'une seulement des couleurs pour la détection. Les résultats ont été extrêmement variables et nous ne donnons ces essais que pour inciter quelques expérimentateurs à les reproduire et à peut-être arriver à obtenir un pendule multicoloré répondant à tous les genres de recherches.

La figure 19 indique les genres de pendules essayés et la disposition des aiguilles indicatrices.

Une stabilité intéressante nous a été donnée par la variante C de nos pendules. Toutefois, comme dans l'appareillage Pluton, il faut aussi éviter les pas de vis si bien que cela crée des difficultés pour installer des aiguilles sur le support (pendules bois, coton macramé de suspension).

6. Ondemètre d'absorption

Page 158 de notre *Manuel de radiesthésie*, nous parlions d'un appareil radioélectrique très simple, l'ondemètre d'absorption, pour apprécier la longueur d'onde humaine ou une de ses harmoniques en radiesthésie.

Nous continuons à tabler sur 8 mètres de longueur maximum et au lieu de rester à un appareil de 16 à 24 mètres, nous avons réussi à ramener la gamme de 6 à 8 m. 50 permettant une lecture suffisante dans la plupart des cas. Car si l'onde descend au-dessous de 6 mètres, hors de la gamme prévue, les indices de vigueur et de vitalité [1] suffiront à nous indiquer à quel moment le malade pourra à nouveau utiliser l'ondemètre en regagnant les 6 mètres et plus d'onde vitale. Le schéma de l'appareil est extrêmement simple :

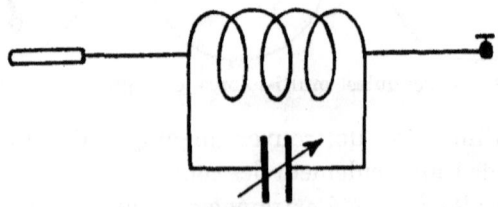

Fig. 20. — Schéma ondemètre.

[1] *Manuel théorique et pratique de radiesthésie*, pp. 151-152.

Le sujet tenant une extrémité du circuit oscillant, le radiesthésiste examine l'autre extrémité au pendule en faisant varier le condensateur jusqu'à obtenir une giration d'accrochage.

Le système offre des inconvénients : notamment l'imprégnation de l'extrémité touchée par le patient ou le témoin. La solution s'est trouvée dans l'utilisation d'un bloc Turenne « radium » ou dans celle d'une dilution homéopathique radioactive servant de génératrice d'onde porteuse sur laquelle se greffe l'onde humaine.

L'appareil peut être construit par tout bricoleur, seul son étalonnage nécessiterait un passage en laboratoire d'ondes courtes. Pour une appréciation suffisante, nous conseillons self : type émission diamètre de 55 mm. 3 tours, condensateur 0,0002 mfd isolé quartz, démultiplication au 1/100 — montage : sur platine aluminium ou duralumin et isolants haute fréquence selon croquis.

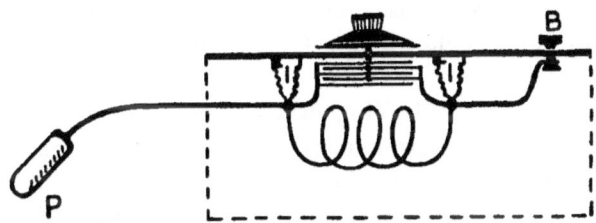

Fig. 21. — Croquis ondemètre.
P. poignée. B. borne de réglage du pendule.
I. isolateurs.

7. Autres appareils particuliers

Nous ne pourrions rentrer ici dans la description des nombreux appareils tirés de principes de magnétisme, électricité ou radio, qui ont vu le jour récemment, et sur la composition desquels les inventeurs restent dans le vague.

Sur un circuit récepteur d'ondes courtes le couplage d'un circuit voisin et le rapprochement de la main d'un sujet détermineront toujours des décrochages d'oscillations que l'on pourra peut-être modifier et chiffrer sur un graphique représentant la distance ou la position du circuit perturbateur. L'avantage du procédé sur notre ondemètre sera de se lire par variation de l'aiguille d'un milliampèremètre ou d'un microampèremètre.

Mais peut-on assurer se trouver en présence d'un phénomène lié absolument à la vitalité du sujet ?... Si celui-ci s'est préalablement passé les mains à l'eau salée ou bien simplement frotté les mains l'une contre l'autre, nous risquons des modifications qu'il serait erroné de considérer comme représentatives de l'état du malade.

Dans les appareils Regnault ou Larvaron, l'utilisation du pendule s'impose comme en notre ondemètre, dans celui de la règle universelle Turenne, ou dans le biomètre de Bovis.

L'instrument de Vita, utilisant pour l'indication des variations de champ électrique du sol un circuit de T. S. F. à lampe bigrille alimentée sous 4 volts filament et 18 volts plaque, la seconde grille faisant accélérateur du circuit intérieur de l'ampoule, contrôle en beaucoup de cas les indications d'un bon radiesthésiste, par le moyen du milliampèremètre fixé sur l'appareil.

Mais la variation de champ peut être insensible à l'appareil et sensible au sourcier. Et l'on pourrait croire à tort, en un point donné, à l'autosuggestion de l'opérateur.

L'appareil dit « bioradioscope de Bissky » qui a été présenté au cours d'une conférence en mars 1936 devrait, s'il répond à ses caractéristiques de lancement, remplacer définitivement, en médecine humaine et même vétérinaire, sourcier, vétérinaire et docteur, tant pour le diagnostic que pour le traitement.

En effet, l'inventeur ne suppose aucun fading possible dans sa présentation et indique un cas dans ses références où « le plus grand radiesthésiste connu de nos jours » consulté après laboratoires et radiologie s'avère impuissant. (On aimerait connaître ce « plus grand radiesthésiste connu de nos jours » !) Il s'agissait d'un « ténia armé »... dont l'expulsion provoqua le retour à la santé.

L'appareil coûte cher. On l'a présenté de loin. Nous croyons qu'il est appelé à rendre des services, mais nous restons assez peu convaincu dans la posologie du remède choisi par l'appareil, par exemple lorsqu'en homéopathie viendra « hepar sulfur » remède pris au hasard et qui peut soit accélérer soit juguler une sécrétion de pus, suivant sa dilution.

Ici encore le médecin, ou bien le radiesthésiste médical devront probablement intervenir... Retenons, en attendant le jugement des praticiens (qui auraient des raisons d'hostilité en la circonstance contre cet appareil), les données ci-après que semble accréditer le bioradioscope [1] fonctionnant en diagnostic et confirmant que « la radiation d'un organe sain est différente de celle d'un organe malade ».

« On constate que la déviation correspondant à un organe malade est dans le sens négatif (vers la droite sur l'échelle). Ce courant, appelé courant d'ionisation, permet d'étudier l'organe malade.

---

[1] Les lecteurs pourront demander des explications ou se procurer l'appareil au Centre de Bioradioscopie de Bissky, 22, rue Auguste-Vacquerie, Paris.

» Ce phénomène peut s'expliquer de la manière suivante : on sait qu'il existe dans les organes malades un certain nombre de molécules neutres. Lors du passage du courant dans ces organes (ou produits d'excrétion, etc.), le flux d'électrons agissant sur les molécules neutres arrive à les dissocier (ionisation par choc) en électrons (charge négative —) et en ions (charge positive +).

» Les électrons nouvellement formés augmentent l'intensité du flux d'électrons déjà existants dans l'organe, ce qui se traduit par une augmentation de l'intensité du courant et aboutit ainsi à l'instabilité de l'organe. D'autre part, les ions nouvellement formés (charge +) provoquent dans l'organe un flux d'ions plus important qu'auparavant se dirigeant dans le sens contraire de celui des électrons, créant ainsi le courant d'ionisation.

» Cette constatation nous autorise à conclure que dans un organe sain, le courant des électrons s'effectue toujours dans un sens positif. Dans un organe malade les électrons bombardent les molécules neutres, provoquant la création des ions et des électrons. Les ions produisent un courant (négatif) de sens inverse à celui des électrons (état chronique de l'organe).

» Plus l'état de l'organe est déséquilibré, plus l'intensité du flux d'électrons est forte et instable (état aigu de l'organe). »

Notons aussi qu'il restera le cas du patient détraqué par ondes nocives et qu'on n'améliorera que par modification de la cause du mal, le bioradioscope indiquant organes déficients et remèdes, mais n'annihilant pas la cause continue des troubles...

8. Un émetteur d'ondes

Nous devons à M. Jacquot, ingénieur I. E. N., cette méthode facile : Découper deux cercles égaux de quelques centimètres de diamètre, l'un dans un carton vert clair et l'autre dans un bleu foncé. Tracer sur chacun d'eux le rayon nord indiquant leur position de meilleure activité (cf. chap. VII, 8).

Placer le disque vert sur le bleu, mais en décalant le premier sur le second, vers le sud pour laisser apparaître vers le nord un croissant bleu représentant environ le quart de la surface du cercle. Les traits de repère doivent être dirigés vers le nord.

Une onde qui fait tourner avec force les détecteurs part du dispositif pour se diriger vers l'ouest. Elle est verticale et négative et présente des nœuds et des ventres qui se déplacent lentement vers l'ouest.

Cette onde paraît favorable à la santé et il serait bon de rechercher ses effets sur des malades.

Quelques dispositifs vert et bleu mis autour d'un appartement où sévissent des ondes nocives suffisent pour neutraliser celles-ci.

Si le groupe vert-bleu paraît bienfaisant, il n'en est pas de même du groupe gris-bleu, dont les effets sont contraires. Un collègue, M. Barnage, de Messein (Meurthe-et-Moselle), radiesthésiste très sensible, expérimentait un jour chez M. Jacquot un dispositif gris-bleu. A peine avait-il présenté son pendule qu'il fut pris d'un tremblement très caractérisé qui ne le quitta que plusieurs heures après. Une autre fois, sur sa demande et à titre de contrôle, il recommença la même expérience mais dut la cesser tout de suite car le tremblement le reprenait.

Tout en laissant les disques vert et bleu dans leur position relative, on peut faire tourner tout le dispositif pour que les repères primitivement dirigés vers le nord viennent successivement en face de l'ouest, du sud et de l'est. Dans le secteur nord-ouest, l'onde qui était à l'ouest tourne vers le sud. Quand les repères seront en face de l'ouest, les détecteurs marqueront les quatre points cardinaux. Dans tous les secteurs, quand les repères tourneront d'un point cardinal à un autre, l'onde tournera de l'ouest au sud. En face du sud et de l'est, on aura les points cardinaux comme en face de l'ouest.

Au lieu de prendre des cercles égaux on peut découper un disque vert dont la surface soit les trois quarts de celle du bleu. On les pose alors l'un au-dessus de l'autre concentriquement, les repères au nord. L'onde est au nord et tournera, avec le dispositif, de 360° en suivant les repères.

III. Les ondes nocives

1. Définitions. — 2. Quelques observations. — 3. Emission nocives. — 4. Ondes bénéfiques. — 5. Elimination des ondes nocives. — 6. Blocage d'ondes d'objets. — 7. Indices de radiations nocives à distance.

1. Définitions

Le terme « ondes nocives » est à la mode. Encore faut-il le définir.

Des champs de radiations peuvent être indésirables pour tout être vivant plongé à l'intérieur ou aux abords immédiats comme les gaz de combat tuent jusqu'aux végétaux dans leur nuage meurtrier.

Mais on ajoute, en général, à ces « ondes » toutes celles qui ne sont qu'accidentellement mauvaises, c'est-à-dire qui agissent sur un sujet donné sans affecter un autre placé au même point. Et dans cette dernière catégorie on peut classer peu ou prou tout ce qui aujourd'hui en disharmonie avec tel ou tel sujet lui deviendra ennemi demain (cf. action des couleurs dans notre *Manuel* ou dans Mellin, *Radiesthésie agricole*).

Dans les courants d'eau, dits nocifs, certains véhiculent sur leur radiation propre des vibrations de cancer, microbiennes ou de corps en décomposition, ce qui augmente alors malheureusement le nombre de leurs victimes, d'autres sont nets de toute impureté se contentant d'un indice de température plus élevé ou même sans indication particulière. Il leur suffit d'être entre deux couches de sol de caractéristiques différentes pour créer un champ « électromagnétique » intense.

Au point même où j'écris ces lignes chemine un courant d'eau sans particularité à une profondeur de 39 à 40 mètres. Or, que s'est-il passé pour trois personnes venues en vacances là et n'y résidant presque que la nuit ?... Dans la première chambre, deux personnes en plein courant, corps à l'aplomb de l'eau. Dans la seconde chambre, la troisième personne souffrant de troubles abdominaux avant son arrivée, a la tête dégagée de la verticale du bord de l'eau souterraine, le corps restant dans le champ.

On peut déplacer les lits, mais sans les sortir, bien entendu, des premières lignes de force.

L'action nocive du champ créé s'est manifesté aussitôt : les deux premières personnes ont eu leur sommeil manqué ou agité extrêmement par des rêves épuisants, leur laissant au matin le cerveau bouillant, la troisième a eu, dès le second jour, une crise nerveuse l'obligeant à voir le docteur...

La santé d'autres personnes vivant quotidiennement dans la maison n'est pas brillante et l'une d'elles est décédée d'un cancer.

Or, nous le répétons, le courant est en lui-même sain.

2. Quelques observations

La meilleure façon d'éviter les atteintes des gaz n'est pas le masque qui peut être étanche à l'ypérite et filtrer un autre produit, c'est d'être hors du nuage. De même, il est préférable d'être hors des ondes nocives que dans un champ neutralisé, la méthode employée pouvant ne pas agir éternellement ou bien les appareils protecteurs pouvant être déplacés, les produits antinocifs être saturés.

Avant même de faire appel au sourcier, chacun devrait en un nouveau logis tenir compte :
1° De la position des lits ;
2° De l'ambiance colorée.

Les premiers troubles ressentis sont souvent uniquement dus aux lits et à la non-adaptation à l'appartement.

A l'occasion du très bel ouvrage du Dr Chavanon, *Thérapeutique ORL homéopathique*, dans lequel l'auteur donne la règle générale suivante : « Pour s'allier au magnétisme terrestre les lits doivent être tournés nord-sud afin que les corps des habitants y reposent suivant cette ligne », j'ai indiqué, dans *La prospection à distance*, que des exceptions peuvent exister entre autres pour certains quartiers, notamment en banlieue parisienne, qui se trouvent former des îlots assez minces entre des lignes de chemin de fer voisines, souvent électrifiées, et dont le tracé perturbe complètement les lignes de forces magnétiques du secteur.

Dans ce cas, l'habitant incommodé doit chercher la position préférable pour s'assurer un sommeil réparateur, quitte à déplacer le lit au moment d'y reposer seulement.

Nous savons bien qu'on sera tenté de rire de ces indications, mais on a tort, car on éviterait bien des ennuis en les suivant.

Les tapisseries d'un ton uni, ou dont une couleur domine nettement, peuvent être en disharmonie avec telle ou telle personne, mais, en général, par l'habillement, les fleurs, tapis ou autres accessoires, chacun rétablit, de soi-même, un équilibre, même sans le savoir et la nocivité des couleurs, dans ce cas-là, n'est indubitable que dans l'accélération d'un état morbide déjà constaté.

3. Emissions nocives

Bornons-nous à en établir une liste, incomplète, plutôt que de répéter des détails déjà connus.

1. Courant souterrain pollué ou non ; non pollué mais passant entre des terrains de polarité différente ;
2. Zone des lignes de force de ce courant ;
3. Egout, emmenant par périodes, des immondices chargés de radiations microbiennes, des produits en décomposition ;
4. Faille sèche du sous-sol à un nœud électrique, action en général limitée à la verticale, mais pouvant être extrêmement violente ;
5. Puits comblé ;
6. Conduite d'eau de ville ou d'eau non potable véhiculant une radiation nocive ;
7. « Maisons à cancer » où le plâtre des murs a conservé l'imprégnation des premiers malades et risque de la transmettre aux habitants ;
8. Gisements miniers particuliers (comme ceux de mercure).

Et dans les projections plus réduites en étendue :

9. Objets d'ameublements divers, dont certaines formes, croyons-nous, sont génératrices de vibrations ;
10. « Nids » à vibrations microbiennes, placards renfermant des pansements ayant contenu du pus et des streptocoques (observation Antoine), tables de nuit donnant ces mêmes résultats par imprégnation de linges souillés ;

11. Statuettes égyptiennes (cf. 1re partie) ou ayant appartenu à des rites de sang (Mexique), bibelots étrangers (des Bouddhas pansus ont souvent une radiation mauvaise prenant naissance derrière leur tête) ;

12. Objets de collection extrêmement divers allant de têtes humaines réduites à la grosseur du poing par les Indiens du Pérou, à la mandragore des sorciers antiques, et tous autres sur lesquels a pu être fixé par un procédé condamnable une force nocive ; livres de magie noire, etc.

Nous tenons du Dr Chavanon l'anecdote suivante relative à un bracelet acquis par lui. Ayant remarqué que le port du bijou agissait en mal, il le conserva entre des feuillets d'imprimerie jusqu'au moment où une personne douée de psychométrie put examiner l'objet et indiquer sa fabrication orientale, l'existence en la partie principale à l'intérieur d'un produit consacré spécialement par un prêtre d'Allah et devant rendre le bijou ennemi de tous ceux qui ne seraient pas de culte musulman ;

13. Présence à même le sol, ou dans les étages, de masses assez importantes de corps particuliers dont le rayon fondamental viendrait frapper soit un cabinet de travail, soit un lit (les références les plus précises sont dues ici à M. MELLIN, *Radiesthésie domestique et agricole*) ;

14. Cadavres dans le sous-sol (nous avons eu une observation typique à ce sujet que nous ne pouvons malheureusement publier).

Signalons, à cette occasion, parmi les causes d'erreurs pour les recherches de cadavres que certains sujets sensibles sont malades au-dessus d'une tombe ou bien lorsqu'ils examinent les cheveux d'un décédé, voire sa photographie.

Or, ces sujets peuvent avoir des troubles identiques sur la verticale de l'image de cadavres. Nous avons été personnellement engagé à une fouille en constatant chez notre collaborateur ces réactions. Nous étions cependant sur une image et la fouille fut négative. Notons, cependant, que les autres méthodes d'élimination images et rémanences avaient également échoué ;

15. Champs électriques dus à des pertes de haute fréquence ou à des zones engendrées par des installations de radiologie.

La liste est déjà importante...

4. Ondes bénéfiques

Celle-ci le sera moins... car elle va donner seulement quelques cas constatés par nous :

1. Ondes de certaines sources thermales agissant longtemps après prélèvement de l'eau ;
2. Celles des marrons d'Inde dans certaines conditions ;
3. Cultures ou champs de violettes sauvages.

Faut-il rapprocher de cela l'indication donnée à un de nos amis par le regretté Jehan Rictus et concernant la guérison d'un cancer à la face par des feuilles de violettes bouillies et appliquées en cataplasme ; boisson faite d'eau de violettes (infusion de feuilles) et convalescence dans une propriété au parc garni de ces fleurs? Si quelqu'un l'essaye et en est satisfait, que cette personne veuille bien l'indiquer à la presse radiesthésique ou médicale ;

4. Gisements de pétrole liquide, même profonds.

A cette occasion, et hors de notre sujet, nous tenons à résumer ici quelques pages — importantes pour les radiesthésistes — des *Principes de géologie du pétrole* de J. Jung :

« Les symboles des hydrocarbures vont des gaz secs C et C 2 humides C 3 et C 4 au pétrole liquide C 4 à C 15 (le témoin pétrole Turenne paraît être C 6) puis solide C 15 à C 35.

» La présence d'un dérivé de la cholestérine, infinitésimal il est vrai, a emporté l'adhésion à l'origine organique du pétrole — celui-ci est né, semble-t-il, de fermentations de couches planktoniennes sous des couches imperméables à l'air, soumises à des flux et reflux d'eaux marines et douces, d'où voisinage de points de jonction anciens terre et mer.

» Les gisements peuvent être *partout* — et n'*ont pas d'échelle* déterminée de *profondeur.*

» Le pétrole se présente *toujours* avec du gaz et de l'eau salée. Le méthane accompagne *toujours* le pétrole mais l'inverse n'est pas vrai.

» Les indices actifs sont les seuls essentiels de la possibilité de gisement, mais pas absolus, par exemple en région « pétrolifère » sur 50.000 sondages aux Etats-Unis 2.500 seulement ont atteint pétrole ou gaz.

» Le pétrole trouvé par hasard est une chose courante, l'exemple le plus typique est fourni par Commodoro Rivadaria, où aucun indice n'est visible en surface et où le pétrole fut trouvé par une sonde à la recherche d'eau, un peu avant 550 mètres. »

Nous nous excusons de cette digression, mais l'huile ordinaire étant de toute antiquité considérée comme opposée au mauvais sort, et depuis quelques années, comme antinocive, nous n'avons pas été autrement surpris d'améliorations constatées sur des sujets placés dans des radiations de sous-sol pétrolifère.

5. Elimination des ondes nocives

La réalité des radiations d'abord, leur absence après blocage ensuite, est souvent plus indiquée par les animaux que par les humains, chez lesquels on peut toujours arguer d'effets de remèdes ou aliments récents ou simplement d'autosuggestion.

... Une chatte, dans l'atelier de notre ami, M. Chalançon, avait été mise avec ses petits dans sa corbeille, en un point d'où elle s'évadait constamment, traînant sa progéniture et mettant une insigne mauvaise volonté à regagner la corbeille.

Elle souffrait tout simplement du passage d'ondes nocives d'un égout et elle put être mise très près de là, hors de la zone contaminée où elle emménagea aussitôt avec un plaisir évident...

Le *Bulletin de l'Association des Amis de la Radiesthésie*, le livre de M. Mellin très explicite à ce sujet et *Comment j'opère* ont donné assez de précisions.

On déviera ou on supprimera les ondes nocives en créant quelquefois de nouveaux foyers perturbateurs dont on s'apercevra par la suite, car nous arrêtons des phénomènes naturels violant une loi qui peut se retourner. (Il faut bien 20 ans pour voir la Faculté se méfier de certains vaccins pourtant élevés au pinacle à leur création !)

Nous attirons l'attention des radiesthésistes sur cette question.

Voici les moyens que nous avons utilisés concurremment avec M. Mellin et autres, avec résultats, ou contrôlés nous-même :

1° L'huile d'olive ou même une huile d'arachides absorbe les radiations d'une faille ou d'un puits. Il faut chercher, par exemple, le point « activé » central d'émission. Et la protection nécessite le renouvellement du liquide à certaines périodes ;

2° Champ de protection de Turenne, limité strictement chez une amie à la chambre à protéger, car nous avons retrouvé une radiation nocive électrique dans la salle à manger voisine sur un petit secteur ;

3° Soufre placé à certains points de répulsion sur la baguette dans des lieux contaminés ;

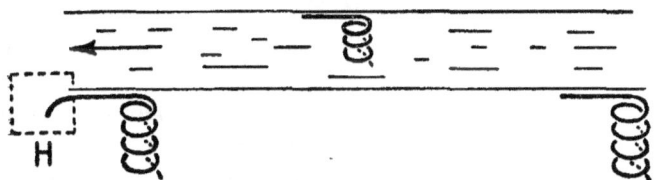

Fig. 22. — Courant cancérigène et solénoïdes de protection.
(H, huile à sortie maison)

Le sens d'enroulement et la position des solénoïdes est à chercher dans chaque cas.

4° Solénoïdes de cuivre, ou de fer, dont le sens de bobinage est très important ainsi que la self et la disposition. Nous donnons figure 22 le plan d'une installation de protection sur un courant cancérigène dans la Haute-Vienne. Les solénoïdes ont pu être heureusement placés en un endroit hors de la vue et de l'atteinte occasionnelle des habitants.

La zone est neutralisée au-dessus du plan des selfs, c'est-à-dire que pour une maison entière il faut agir du rez-de-chaussée à même le parquet, voire dans les sous-sols, tandis que le rez-de-chaussée peut rester intact et un seul étage garanti par la disposition des appareils sur le parquet de l'étage. (Il ne semble pas en être de même avec la méthode Turenne, les produits pouvant être placés plus haut.)

Pris à l'improviste, on se procurera du fil de fer galvanisé de 20/10 et on l'enroulera sur un diamètre de 4 à 5 cm., un étui de savon à barbe, par exemple.

Il faudra environ 12 à 13 tours pour 5 mètres utiles de protection ; 17 à 19 tours pour 8 à 10 mètres.

Si les solénoïdes ne sont placés que d'un côté du courant, ils laissent subsister les lignes de force, également nocives. Si le sens n'est pas observé, et l'emplacement des selfs on risque de voir augmenter une radiation cependant un peu déviée ;

5° Ecrans colorés de toile tendue sous les lits ou au départ de faisceaux nocifs ;

6° Pour le sommeil, utilisation d'or entre l'oreiller et le matelas, sans avertir le patient.

Nous n'avons pas eu l'occasion de voir « en service » l'Aspironde Mermet, qui a donné d'excellents résultats, d'après les renseignements reçus.

6. Blocage d'ondes d'objets

Contre les radiations nocives d'objets rituels ou statues supposant des charges microbiennes ou des charges « magiques » :

1° Magnétisme de dispersion, avec précaution lorsqu'il s'agit d'autre chose que de microbes ;

2° Utilisation d'enveloppes-caches noires pour recouvrir ou poser les objets, en les enserrant le plus étroitement possible. Le moyen peut être inopérant la nuit ;

3° Enveloppes de papier imprimé ;

4° Ecrans colorés interposés devant la zone menacée ;

5° Une réplique de l'objet émetteur placée à peu de distance peut faire naître un échange d'ondes de l'un à l'autre et neutraliser le faisceau primitif ;

6° Une racine de mandragore, examinée lors d'une causerie chez Durville, était nocive dès qu'elle sortait de sa boîte, et devenait sage lorsqu'elle réintégrait celle-ci où elle reposait moulée dans la mousse avec quelques grains de riz autour d'elle ;

7° Farine de riz absorbante dans le faisceau nocif aussi près que possible de la source.

Le mieux serait évidemment de se débarrasser des objets douteux, mais cela n'est pas toujours facile à obtenir du propriétaire.

7. Indices de radiations nocives à distance

On nous objectera que, jusqu'ici, nous avons pu opérer sur le terrain ou près d'un sujet, et que, souvent, au loin, des personnes désireraient être fixées sur les locaux qu'elles habitent.

Dans le cas de courant d'eau, faille, égout, le plan coté et orienté du local permettra le plus souvent de tracer leur parcours et la distance des lignes extrêmes.

Ensuite la détection de la nocivité possible de ces courants pourra être faite par orientation mentale en rapport avec témoin provenant du consultant. L'usage des témoins microbiens sera utile.

Un avertissement sérieux sera toujours donné par le bas indice de vitalité de toutes les personnes vivant en un point donné, par rapport à ceux moyens ou à ceux présentés antérieurement à l'entrée dans la maison.

A défaut de cela, un même organe déficient chez chacun d'eux, des chiffres de série identiques sur ces organes (même à distance) feront penser aux ondes perturbatrices de leur organisme.

(Chaque fois qu'une mort par néoformation a été signalée, un examen radiesthésique sera utile sinon indispensable.)

De même à distance pourront être indiqués les points où placer la protection radiesthésique faite suivant indications des pages précédentes.

IV. De l'orientation mentale

1. Rappel des principes. — 2. Extension et réalisation. — 3. Travaux à distance. — 4. Objection importante. — 5. Détections dans le futur. — 6. Fausse radiesthésie.

1. Rappel des principes

Notre ami Christophe a fait connaître cette méthode qui n'est plus ignorée par un seul radiesthésiste.

Au début de ce chapitre, rappelons-en le principe et son explication possible. Un opérateur, faisant le vide de tout ce qui n'est pas sa recherche et concentrant ou tout simplement amenant sa pensée sur l'objet cherché, règle en quelque sorte le circuit filtre ou « passe-bandes » de son récepteur humain radiesthésique, lequel n'est plus sensible qu'à l'objet cherché.

Ici, le témoin n'intervient plus que pour concrétiser la pensée et renforcer physiquement la réception accordée déjà psychiquement.

De là à le supprimer, chacun a franchi ce pas. Et ne s'en est pas mal trouvé... au moins quelquefois... D'un procédé excellent lorsqu'il est suivi avec méthode, certains s'écartent dangereusement. Et nous ne sommes pas les premiers à le signaler.

2. Extension et réalisation

Poussant à l'extrême leur opposition, les directeurs du mouvement « radiesthésie scientifique » se refusent à toute intervention d'orientation ou de convention mentales dans leurs recherches, et pour le moment tout au moins entendent proscrire jusqu'à la citation de cette méthode « empirique » !

M. Henri de France lui-même n'écrit-il pas à propos d'une méthode « scientifique » :

« Un très grand nombre d'expériences sont indiquées. Nous ne saurions assez engager nos lecteurs à tenter de les réaliser. La plupart d'ailleurs sont faciles et n'exigent pas l'utilisation d'un matériel compliqué.

» Je me permettrai toutefois de leur recommander après chaque giration obtenue avec le pendule réglable de vérifier si cette giration se reproduit sur le corps humain, ce qui est signe d'un acte de radiesthésie mentale.

» *La radiesthésie mentale me paraît s'être introduite dans toutes nos méthodes, même dans celles que leurs auteurs croient les plus physiques.* »

Et il ajoute, à propos du procédé de dépistage qu'il préconise et qui est assez curieux :

« Je ne dis pas que le moyen de discrimination que j'indique, soit définitif, mais je m'y tiens jusqu'au moment où l'on m'aura démontré qu'il est insuffisant. »

Nous devons appuyer M. de France, puisqu'il nous arrive fréquemment à nous-même au cours d'expériences de recherches microbiennes sur témoins ou sujets, de nous dispenser, dans l'échelle Turenne, par exemple, du témoin exact maladie et simplement de le remplacer par une pensée exactement conforme à ce que représentait physiquement le témoin.

Il faut là autre chose que l'habitude et ce n'est pas sans trembler que nous avons vu des débutants cherchant la valeur d'un produit ou d'un aliment par rapport aux organes humains, le faire en promenant à toute vitesse l'index sur la liste de ces organes et attendre des réactions pendulaires ! Au pis aller, on pouvait supposer non plus « l'orientation » mais la « convention » mentale faite avec leur instrument d'après laquelle celui-ci girerait ou oscillerait lorsque le doigt indiquerait dans la liste l'organe en liaison avec le produit examiné...

Cette « convention mentale » qui fait fuir tant de gens de bonne volonté, mais outrés du procédé, et qui devrait être utilisée à notre avis seulement comme corollaire ou complément d'une recherche préalablement menée à bien, même par des procédés physiques !

L'orientation mentale, méthode parfaite, ne l'est qu'à certaines conditions :

1° Celles déjà citées dans notre *Manuel de Radiesthésie* concernant les causes de troubles ;

2° Un potentiel nerveux et physique, vigueur et vitalité, constant ;

3° Au moment du travail, non seulement l'idée se portant *en principe* vers la chose à découvrir, mais cette pensée en épousant toutes les caractéristiques, une idée force, une idée forme, s'en emparant.

(Nous pensons ici à la Prière. Elle n'est pas une simple antenne jetée vers le Divin, mais pour exister et faire violence à Dieu, elle doit être un jet de l'âme venant en toute humilité au cœur de Dieu, une confiance sans borne et une vision — personnelle sans doute et variable suivant les individus — de la Majesté divine et de l'objet qu'on lui demande.)

4° Cette condition n'est plus absolument utile lorsque, à distance, à défaut de l'objet de la recherche, le radiesthésiste en a, par un sens quelconque, la notion de présence ;

5° De même, lorsqu'une recherche peut être faite par

rapport à l'état d'un objet déterminé, l'expérience portant sur une série de ces objets.

Dans les citations ci-après, on aimerait voir préciser certains points :

Au cours d'un récent dîner, M. Antoine répondant à l'un de ses élèves, exprimait bien les conditions précitées, dont M⁰ Brouard n'envisageait qu'un certain nombre.

Il s'agissait de recherches de homards au pendule. L'un parlait du phosphore ou de telle chose particulière au monde sous-marin. Absolument insuffisant ! car toute la gent marine pouvait répondre à une telle détection. D'où rappel des principes par Antoine, que nous croyons l'un des meilleurs radiesthésistes mentaux d'aujourd'hui (et dont nous ne partageons pas toutes les vues).

Le questionneur fit remarquer cependant qu'agissant par une idée exacte de sa recherche il avait bien trouvé des « nids à homards vides » (rémanences) ou des carcasses de homards. C'est que, ici, à l'idée « homard », à l'idée forme, à l'idée phosphore, il n'avait pas ajouté l'*idée vie*, puisqu'il s'agissait d'animal vivant.

Car si une recherche de chevreuils, par exemple, comme le fit devant nous l'abbé Mermet, à Clermont-sur-Oise (donnant comme chiffre pour une propriété 35 et le garde-chasse en dénombrant 30 à 40) suppose une bête agile et le concept de vie lié à sa recherche ; il n'en est pas de même absolument pour un homard, puisque de homard il s'agit, qui peut être immobile des heures et ne pas se distinguer d'une carapace vide.

Nous donnons cet exemple pour manifester la nécessité du troisième paragraphe des conditions optima d'orientation mentale.

Répondant à une enquête, le Dr Chavanon a donné la

copie d'un certificat relatif à un travail sur accumulateurs, et en voici une autre qui suppose l'accord mental et qui peut admettre le paragraphe 5 des conditions précitées :

« Pau, le 17 septembre 1934.

» Je soussigné, Salenane Jean, du garage d'Ossau, certifie avoir été témoin de l'expérience suivante, ce lundi 3 septembre 1934 :
» Il s'agissait de vérifier la valeur des éléments d'une batterie Ford.
» Avant tout contrôle au volmètre, M. X... a indiqué d'une façon précise la valeur des éléments, les uns par rapport aux autres, et proportionnellement à leur charge. Le fait a été reconnu exact au voltmètre par l'ouvrier Barzu, du garage d'Ossau en ma présence et en présence du personnel médusé par cette expérience inattendue.

» J. Salenane. »

3. Travaux à distance

Il paraîtra qu'il n'y a plus aucune limite à l'utilisation de la radiesthésie mentale et cependant nous en verrons quelques-unes tout à l'heure, car l'extension démesurée du procédé rendrait identiques voyance et radiesthésie.

Passons sur les travaux sur plan déjà commentés ailleurs et par tant d'auteurs. N'y voyons que la « convention mentale » superposée à la recherche.

Lorsque le pendule aura permis de tracer un cours d'eau souterrain ou une source (et ce parfois même sur le terrain) la convention viendra jouer pour en indiquer le débit, la profondeur, et c'est la grande critique de nos adversaires. On a déjà donné des explications à l'empirisme apparent du coup de pied sur le sol. Il ne s'agit donc que du fait que chaque tour de pendule indiquera un mètre ou un litre.

Eh bien, il ne s'agit encore, en réalité, que d'orientation mentale et non de convention, c'est-à-dire que le résultat sera d'autant plus précis et exact que nous ferons de l'orientation et non de la convention seule, qui, pour nous, ne signifie rien.

La profondeur sera d'autant plus juste que l'opérateur aura « dans l'œil » la longueur de un mètre à utiliser tant de fois (mouvements pendulaires) avant l'eau ; le débit d'autant plus exact que les concepts de volume (un litre) et de temps (une minute) seront plus objectivement fixés dans le cerveau du radiesthésiste.

Il y a une nuance avec le fait de dire sans autre préparation : chaque tour indiquera un mètre ou un litre-minute !

Le quatrième paragraphe des conditions se réalise lorsque opèrent l'abbé Mermet, Antoine, nous-même et nos élèves en faisant un diagnostic succint des parents d'un malade, ce malade étant devant nous. Là, le cerveau du malade joue le rôle d'épaulement à notre recherche. En général, on l'excitera en demandant au sujet de penser à son père, par exemple.

Le patient voit pour le radiesthésiste qui, lui, ressent. (Que les mauvais plaisants n'imaginent tout de même pas la radiesthésie figurée par un aveugle supportant un paralytique !)

Et voici un autre exemple type :

« Je soussigné, Dougère René, métreur-vérificateur, 137, avenue Mers-Sultan, certifie avoir été l'objet d'un diagnostic par téléphone de la part de M. Baradat.

» Mon ami Pernoud, ingénieur béton armé, boulevard de Lorraine, avec lequel j'étais en communication téléphonique m'a, sans m'avertir, et sans me dire avec qui je parlais, mis en communication avec M. Baradat.

» Après m'avoir fait prononcer quelques paroles, M. Baradat m'a dit immédiatement :

« Vous avez le poumon droit en parfait état, deux
» lésions cicatrisées au sommet du poumon gauche,
» vous faites de l'hypertension 16/17 et votre vésicule
» biliaire est engorgée. Le rein droit en particulier,
» fatigué, le rein gauche bloqué. Le foie est en bon
» état. »

» Je reconnais que le diagnostic de M. Baradat confirme à la lettre les ennuis que je ressens dans les parties du corps susdites et ce que différents médecins m'ont dit à plusieurs reprises, tant pour les poumons que pour les reins, etc.

» 1. Diagnostic comprenant les radios prises pendant la captivité en Allemagne et en Suisse.

» 2. M. Baradat ne me connaissait même pas de nom.

» 3. M. Pernoud ignorait absolument l'état de ma santé.

» Casablanca, le 18 décembre 1935.

» R. Dougère. »

Notons que M. Baradat est le propagateur de la radiesthésie au Maroc, où il préside l'Association des amateurs et professionnels.

4. Objection importante

Il y a présence de tiers dans ces opérations : garagiste pour la valeur des accumulateurs d'un groupe, personne interposée dans le diagnostic, un ami au téléphone. Cela pourrait se résoudre, nous dit un profane, par un simple phénomène de transmission de pensée où l'on pourrait même supprimer le pendule... le radiesthésiste étant un sujet sensible, quasi voyant.

Disons tout net que cette opposition de la transmission de pensée aux résultats de la baguette et du pendule nous a souvent ému. Tant et tant de cas pourraient la supposer ! Mais nous devons à la vérité de dire que chaque fois que nous avons penché quelque peu vers cette explication de nouveaux cas sont venus la détruire !

Un simple exemple. Au cours d'une prospection difficile et non faite jusqu'alors, fuites d'acide à travers un récipient métallique, on nous demanda de marquer la forme des fuites connues dans un autre récipient : Ici ? Voilà. — Là ? Voici. — Encore ce point ? Là, mais je ne sens point de fuite. Le contremaître convaincu nous indiquait ce qu'il croyait un point de fuite et reconnut s'être trompé d'un mètre environ dans la réalité !

Dans bien d'autres cas, qu'il serait trop long de citer, l'évidence de la non-transmission de pensée s'est présentée aussi sûrement que sa possibilité ailleurs.

Sans nier sa valeur, réservons donc l'objection.

5. Détections dans le futur

Nous atteignons un sujet brûlant ! Que d'affirmations gratuites pourront être faites et que ne pourra donner comme exactes aucun contrôle avant des années ! La radiesthésie irait à l'encontre de son but à se lancer dans cette voie.

Plusieurs d'entre nous, par ces temps modernes, âpres au gain par tous les moyens, ont été sollicités de dire quel numéro de loterie allait gagner, quel cheval jouer, quelle question préparer pour un examen !

Si la radiesthésie pouvait indiquer comment gagner à la loterie, celle-ci serait réduite à fermer ses portes, ou le gouvernement à guillotiner quelques sourciers !

Il n'en est pas tout à fait de même pour les courses de chevaux. Lorsque les bêtes défilent devant les tribunes pour entrer en ligne de départ aussitôt après, nous admettons comme possible, probable même, la solution de la course à l'avance par un bon radiesthésiste, soit en cherchant mentalement le meilleur cheval, soit en alliant meilleur cheval et meilleur jockey, les « combines n'étant pas exclues ».

De même, avec un peu plus de temps on pourrait chiffrer les indices vigueur et vitalité des animaux présents, dresser un tableau et en tirer des probabilités.

Notre ami Chalançon réussit ainsi plusieurs fois à indiquer à distance, à une personne connaissant les chevaux, le gagnant à jouer, mais il y renonça vite devant l'appétit grandissant du joueur.

Personnellement, il nous arriva une autre aventure. Dessinant le champ de courses et nous orientant vers lui, nous indiquâmes départ et arrivée par une série d'ovales représentant en plan chevaux et cavaliers, et nous indiquions l'emplacement des bêtes à l'arrivée avec leur numéro. Le résultat était complètement renversé, dernier pour premier, et toutes les bêtes dans leur ordre opposé. Nous avions, paraît-il, représenté la course tournant à droite au lieu de tourner à gauche.

A vrai dire, l'indication d'un gagnant est du ressort des probabilités sur indices radiesthésiques plus que sur « convention mentale » pure. Elle est possible, mais suppose pour l'orientation mentale tant de conditions préalables unies que l'exercice de joueur radiesthésique n'est pas encore pour demain l'arrivée de la fortune !

Que penser, en revanche, de l'indication pour un candidat, des questions ou des compositions que l'on va lui donner à faire ? Celles-ci sont, en général, numérotées et sur un certain nombre, 100 environ, Antoine a pu indiquer les trois numéros qui, huit jours plus tard, étaient réellement donnés à l'examen.

L'exemple n'est pas unique : M. Baradat, que nous aurons encore à citer, nous dit avoir détecté les sujets de l'agrégation d'histoire et de géographie 1935, agrégation de philosophie 1935, licence en droit, 3ᵉ année (mais ici un échec sur trois), à l'avance !

Ces résultats ne sont pas niables. Sont-ils radiesthésiques ?

Nous le croyons si lesdites questions ont été désignées d'avance par leur texte ou leur numéro par telle autorité chargée de les présenter aux candidats et si la détection s'opère dans l'intervalle de temps entre la décision et l'examen.

L'opérateur ressent le résultat d'une opération effectuée.

Il n'en est plus de même si, par exemple, le sort seul décide des questions au moment même de les poser.

Et nous entendons Antoine nous dire qu'il croit possible ici la détection du futur et l'expliquer par : voyance égale radiesthésie.

Le subconscient du radiesthésiste agirait-il donc pour trier dans le futur, futur relativement proche et dont la tournure intéresse directement le consultant (candidat) ou la profession du radiesthésiste (M. Baradat, professeur) ce qui est déjà en liaison intime avec eux ?

Nous n'entendons pas résoudre ce point d'interrogation encore trop peu fourni d'expériences.

Nous nous bornons à en citer — *hors de la valeur expérimentale, à continuer et à augmenter* — le côté plutôt immoral (tant pour le candidat que pour le joueur aux courses)...

6. Fausse radiesthésie

Immoralité, en somme, peu importante jusque-là, mais qui s'aggrave dans le cas du diagnostic sur place ou à distance. Détection dans le futur qui a pu autoriser, paraît-il, certains opérateurs à indiquer à la famille ou à un médecin plutôt : votre malade mourra du cancer *dans 18 mois* !

Cela est condamnable au premier chef. Nous ne faisons pas de la divination de l'avenir ; que le médecin puisse juger de ce qu'il voit et inférer que son malade n'en a plus que pour quelques semaines, c'est parfait, encore que la réalité trompe souvent le praticien ; mais que celui-ci ou son radiesthésiste fixent dans le temps une telle échéance ce n'est pas sérieux.

Seule dans les sciences spéciales, en dehors de la voyance ou de l'occultisme pur, une probabilité ou une possibilité pourrait-elle être tirée de l'examen d'un thème d'astrologie judiciaire...

Quand on sait combien fait parfois sourire le médecin, pendant longtemps, l'annonce d'un terrain cancéreux qui ne sera patent que plus tard, un simple sentiment de pudeur devrait retenir une affirmation du calibre de celle citée, fût-elle cent fois sûre en l'esprit du sourcier et dût-elle se réaliser à la lettre !

Pour en terminer sur ce sujet pénible, rappelons que Christophe écrivait : « L'enregistrement des actes s'effectue automatiquement au fur et à mesure de leur accomplissement. Le sourcier percevrait donc le bilan actuel des actions et des intentions. »

Assertion excessive, théologiquement parlant, certes, mais qui indique formellement *une limite* à la recherche en orientation mentale.

La vraie détection radiesthésique, pas plus dans le passé que dans l'avenir, ne doit conduire au spiritisme.

V. Thérapeutiques

1. Position des chefs d'écoles. — 2. Position des radiesthésistes. — 3. Thérapeutiques radiesthésiques. — 4. Allopathie et homéopathie. — 5. Spondylothérapie. — 6. Points chinois et autres. — 7. Exemple de « silicea ».

1. Position des chefs d'écoles

Il est des médecins hostiles à la radiesthésie ou négateurs purs et simples. Parmi les premiers, certains veulent l'ignorer, d'autres l'attaquent. Nous reparlerons de ceux-ci dans la troisième partie de cet ouvrage, car certains comme les Drs Osty, Bon, Carton, par exemple, sont adversaires robustes, mais parfois plus par des arguments hors médecine qu'autrement.

Pourquoi ? Parce qu'apparaît par-ci par-là un défaut de la cuirasse, parce que ce sont souvent des spécialistes qui causent (*et dont nous ne suspectons pas la bonne foi*).

Le Dr Carton écrit : « Nous avons observé des malades qui s'étaient fait traiter par des radiesthésistes. On leur avait soigné le foie, la rate, le corps thyroïde, etc. ; on les avait bourrés de produits endocriniens, lardés de piqûres, abreuvés de mixtures homéopathiques, en pure perte. Il ne pouvait en être autrement, puisqu'on n'avait recherché aucune des fautes alimentaires et hygiéniques ni corrigé aucune des violations de lois de la santé qu'ils commettaient. »

Le Dr Carton est un apôtre du naturisme. Logiquement, il chargera des mêmes méfaits bien d'autres méthodes médicales (et il le fait ailleurs !)

Le Dr Bon, adversaire déclaré, à la suite d'expériences malheureuses faites dans son entourage, vient d'écrire un livre curieux à plus d'un point, le *Précis de Médecine Catholique*. C'est un monument, dont les parties sont d'inégale valeur. Les stigmates et prodiges ont attiré l'attention de l'auteur. On y trouve des indications précises et qu'il faut connaître sur les avortements (provoqués ou non), le baptême intra-utérin... On lui a reproché de s'occuper trop de merveilleux, d'occultisme et de métapsychisme.

Qu'oppose-t-il dans ce livre, à la radiesthésie : son peu de preuves convaincantes. Il est peut-être regrettable qu'il n'ait pas envisagé la radiesthésie comme un élément de prédiagnostic ou de diagnostic tout court, sur les religieuses des communautés. Il semble que toutes questions de pudeur et gênantes pour le cloître auraient avantage à être ainsi tournées. Il n'est pas nécessaire de « palper » le sujet pour se servir utilement d'un pendule, encore moins de le faire dévêtir !

Le Dr Osty assimile radiesthésie et voyance, en citant au cours d'une conférence, une malheureuse erreur de diagnostic à l'actif du corps médical (tumeur au foie) alors qu'une voyante avait annoncé la gravité du mal sans le spécifier. Mais la radiesthésie n'est pas en cause là, on n'en parle pas, et un radiesthésiste sérieux aurait selon toute vraisemblance annoncé du pus et non des calculs biliaires !

Le but de cette conférence semble être d'avoir surtout épaulé l'avis des chefs d'écoles diverses qui sont sur leurs gardes vis-à-vis de la radiesthésie :

Si les jeunes docteurs font du pendule, ce sera pour

un grand nombre d'entre eux, la glissade fatale vers le moindre effort. Ils abandonneront leurs études de spécialisation, ou bien celle de la matière médicale et toute méthode clinique pour s'en référer pour le diagnostic (et le traitement !) à leurs seuls instruments, baguette ou pendule.

Cette idée est tout à fait légitime, et nous voyons cette position comme normale. A une époque où tout s'en va, et où chacun fait plus ou moins table rase des disciplines de famille ou d'école, elle est nécessaire...

2. Position des radiesthésistes

A la radiesthésie de ne pas vouloir tout supplanter mais de se proposer en servante bénévole et pratique de tous les systèmes. Ainsi elle ne méritera pas, pour le médecin qui l'emploie, l'anathème jeté aux spécialistes par le Dr Carrel.

Sensibles à des variations infimes des champs vibratoires, les radiesthésistes n'ont pas à s'immiscer dans les querelles d'universités. Le médecine *sait* qu'une variation de potentiel électrique se déplace le long du nerf pendant son activité. Adrian a mis en évidence, dans les fibrilles isolées, la marche des ondes négatives, dont l'arrivée au cerveau se traduit par une sensation douloureuse...

Qu'elle veuille bien, avec précaution, nonobstant leur aspect grossier, utiliser nos instruments, aux mains d'hommes doués, de bonne foi et de moralité suffisante :

Le Dr Carrel écrit :

« Il faut que la médecine étudie l'individu aussi bien que la maladie. Peut-être la méfiance que le public éprouve de plus en plus à son égard, l'inefficacité et parfois le ridicule de la thérapeutique, sont-ils dus à la confusion des symboles indispensables à l'édification des sciences médicales et du patient concret... Les divisions anatomiques sont superficielles. Le malade doit être non seulement étudié mais avant tout soulagé, rassuré et guéri. Le médecin doit découvrir dans chaque patient les caractères de son individualité ; sa résistance propre à l'agent pathogène, le degré de sa sensibilité à la douleur, la valeur de toutes ses activités organiques ; son passé et son avenir. »

Avant épuisement des essais et démonstrations péremptoires de sa non-utilité, ne rejetez donc pas la radiesthésie sérieuse.

3. Thérapeutiques radiesthésiques

Nous verrons tout à l'heure où nous avons déjà et où nous pouvons encore aider les méthodes médicales. Demandons-nous d'abord s'il n'existerait pas en ce terrain interdit au non-médecin de thérapeutique propre à la radiesthésie.

Guérison par le pendule ? Ces mots qui figurent dans des annonces critiquables ne répondent pas encore officiellement à une réalité. Le pendule ne sert que d'indicateur.

Cependant, l'étude de la loi de Wronski en astrologie notamment, et des expériences précises, faites en notre présence par des chercheurs, nous permettent d'annoncer comme possible et peut-être prochaine... la thérapeutique pendulaire sur le sujet, ou à distance même [1].

Néanmoins, il existe plusieurs procédés qui ne paraissent pas vouer leurs auteurs aux arrêts des tribunaux :

Le chapitre consacré aux ondes nocives trouve déjà ici

---

[1] Voir 3e partie, *Astrologie*.

son application complète. Si la faculté nie ces radiations, elle ne saurait poursuivre leur destruction.

Or, bien des systèmes vont agir sur le potentiel vital d'un sujet malade, habitant en région absolument rebelle aux courants nocifs !

Dans son ouvrage *Thérapeutique ORL homéopathique* le Dr Chavanon cite comment avec sa baguette, tournant autour d'un de ses malades sur lequel ses médicaments n'agissaient pas, et passant d'une pièce à l'autre pour cet examen, il eut une saute de baguette dans la ligne reliant le patient à un pot de grès. Celui-ci contenait des fleurs de reine-des-prés sèches, dont la dame de céans faisait des infusions.

Ces fleurs enlevées de l'appartement furent le signal du retour quasi instantané du client à la santé.

C'est l'utilisation du « lien de sympathie » dont après Christophe nous avons parlé ailleurs pour soulager le malade en faisant disparaître la cause externe de la maladie.

Une autre méthode radiesthésique simple naîtra par la modification de l'ambiance où se meut le sujet. Notre collègue, M. Mellin, cite qu'il a détruit les angoisses périodiques d'un médecin de la rive gauche, par l'installation d'un kilogramme de soufre de part et d'autre de la fenêtre de son bureau et que depuis un an il n'y a pas eu récidive.

Une hyperostose des apophyses latérales d'une vertèbre du cou a été jugulée par le déplacement du bureau de l'intéressé qui travaillait dans le rayon fondamental d'une masse de chaux vive [1].

Troisième thérapeutique radiesthésique, déjà plus

---

[1] MELLIN, *Radiesthésie domestique et agricole*, p. 186.

proche des dangers de l'illégalité : la chromothérapie, que suivra la métallothérapie externe.

On n'a pas encore réglé que le changement de couleur d'un pull-over ou le port d'une ceinture faite de couleurs simples ou combinées dépendaient d'une ordonnance... Cependant, Dieu sait combien de sujets sensibles, véritables cobayes pour toutes méthodes, réagissent à ces détails vestimentaires.

Le pendule en indiquera le bien-fondé et limitera le temps d'exposition du corps ou de l'organe au contact ou à la radiation de la couleur prévue.

Le Dr Foveau de Courmelles a bien voulu citer nos idées et les résultats de plusieurs radiesthésistes dans un article du *Siècle médical* sur la chromothérapie. Ne nous étonnons donc pas de voir le Dr Leprince, par exemple, rénover le port des bracelets de métaux différents, voire l'usage de l'aimant préconisé naguère par Hector Durville comme traitement. Quels que soient les résultats, on le traitera de charlatan. C'est dans l'ordre...

Mais cependant, tenant compte de ce qui précède, ne pourrions-nous intervertir les propositions courantes : Après avoir épuisé ... et dire : « Avant de passer en revue pour un résultat définitif et probant toutes les ressources de la thérapeutique humaine, et aussi vétérinaire, on fera bien de s'adresser à la radiesthésie » ?

C'est l'idée mère de ce monde qu'a dépeint M. Henry de France dans son ouvrage *Le pays des réformes* qui se classe dans les « utopies » à la Thomas Moore. Si l'*Utopie* de ce dernier contient des erreurs politiques, elle n'a pas empêché la canonisation de l'auteur !

4. Allopathie et homéopathie

Il faut bien avouer que pour l'enseignement officiel qui ignore ou vitupère l'homéopathie par exemple, les baguettisants se sont vite classés dans les hors-la-loi, en donnant leur sympathie à des méthodes réprouvées...

Danger pour l'allopathie, puisque ces « pendulards » contribuent à lui retirer une clientèle qui s'en évade déjà pour bien d'autres raisons. Mais peut-être bien danger aussi pour l'homéopathie que l'on charge de tous les péchés d'Israël et qui reçoit encore le grief de sympathie radiesthésique !...

Grief faux, en partie tout au moins, puisque revues et instructeurs sont pleins de défiance pour les sourciers... en général, s'ils laissent en leurs conseils venir quelques-uns d'entre eux filtrés par leurs amis.

Mais danger cependant de voir l'homéopathie devenir la proie du grand public, chacun se soignant à sa guise de par la dispersion des idées, avec cette médecine « qui n'offre aucun danger ».

Disons bien aux radiesthésistes comme aux malades que cela est erroné et qu'on n'utilise pas impunément telle ou telle dose homéopathique, et que des erreurs de prescriptions peuvent causer des troubles graves en dehors de la réaction normale des 1/200, 1/1000 ou hautes dilutions.

L'homéopathie, par la dynamisation de ses produits, par leurs nombreux dosages, par ses méthodes cliniques qui envisagent de plus près que l'allopathie le « malade concret » mérite cependant nos sympathies et puisque ses remèdes agissent souvent par vibration instantanée, ils ont plus d'affinité avec la baguette et le pendule. Leur action mentale requiert plus encore l'aide ou le contrôle radiesthésique dans les plans supérieurs où jusqu'ici aucun appareil ne vient chiffrer avance ou recul obtenu par leur ingestion.

Dussions-nous passer pour un mauvais esprit, nous dirons un autre point de ressemblance dont se défend cependant l'école homéopathique :

Peu de numéros de l'*Homéopathie Moderne,* par exemple, où l'on ne lise : « Le langage sybillin, *l'esprit occultisant,* sont les signes de la fausse homéopathie. »

Nous voudrions pouvoir dire de même « le langage sibyllin, l'esprit occultisant, sont les signes de la fausse radiesthésie »...

Tandis que ce livre vise à tracer des limites à l'occultisme radiesthésique en fonction surtout de notre foi catholique, et formera une espèce d'examen de conscience sur nos théories, l'homéopathie officielle réprouve bien, mais débordée, elle accepte la collaboration des « sciences mystérieuses » à son corps défendant. Chirologie médicale et aussi acupuncture, tout au moins, dérivent bien des connaissances de sciences conjecturales antiques, chinoises ou européennes ?

Nous citerons, d'autre part, la relation de l'homéopathie et du *Grand Œuvre* auquel travaillait Raymond Lulle, qui n'était pas, à vrai dire, occultiste.

5. Spondylothérapie

En revanche, en France, tout au moins, avons-nous vu des méthodes thérapeutiques appeler à l'aide la radiesthésie et se l'annexer d'office.

Parmi elles, la « chiropratique » qui opère par les mains le redressement des vertèbres ou des altérations paravertébrales. Beaucoup de médecins français emploient cette méthode due à l'Américain Palmer, mais aussi beaucoup de non-médecins. Nous n'en discutons pas la valeur, rappelons-en la théorie : toutes les affections localisées ont leur cause initiale dans un coincement des nerfs rachidiens, c'est un obstacle mécanique aux flux nerveux, qui les cause, et cela par déplacement ou subluxation des vertèbres les unes sur les autres.

La méthode est parfois brutale et demande de la force physique au praticien.

Mais baguette et pendule indiqueront parfaitement le niveau de « l'avarie mécanique vertébrale » ou le côté de vertèbre en position défavorable. Et l'on conçoit que le spécialiste gagne du temps à ce procédé puisqu'il y aurait plus de 200 positions « nocives » et que l'apprentissage comprend un nombre égal ou supérieur de positions rectificatrices.

Personnellement, nous avons vu et indiqué des vertèbres en mauvaise position, et qui, après intervention du médecin, ont repris leur position normale entraînant, notamment pour une deuxième ou troisième cervicale, la disparition de maux de tête et de douleurs du cou à l'épaule qui restaient rebelles aux remèdes normaux.

Nous ne croyons pas cependant que ce soit là panacée universelle et les praticiens prescrivent souvent arnica ou un remède homéopathique pour corriger ce que le redressement vertébral aurait pu froisser dans les tissus voisins.

6. Points « chinois » et autres

Nous avons souvent insisté auprès de débutants en radiesthésie sur le danger de l'interprétation littérale du changement de mouvement de la baguette ou du pendule, devant un organe. En effet, il faut toujours vérifier le point de réaction et son étendue.

Nous n'avons pas tardé à trouver dès que nous fîmes des travaux sur malades que des zones cutanées extrêmement réduites, juste de grandeur de l'extrémité du doigt provoquaient une saute de baguette alors que rien d'anormal n'existait à ce point de l'organisme, ni traumatisme, ni piqûre, ni pression, anciens ou nouveaux, et que ces points étaient pratiquement en relation avec un autre endroit de l'organisme, déficient celui-là.

La radiesthésie n'inventait rien. Elle venait 30 siècles trop tard, après l'acupuncture chinoise et peu après les points de Weihe vers 1900) utilisés par l'école homéopathique ; à la suite du Dr Nebel (lui-même radiesthésiste).

L'acupuncture a beaucoup fait parler d'elle depuis quelques mois. Elle a la vogue des nouveautés et ne manque pas de résultats heureux fort divers comme genre, selon les observations données en conférences médicales par le Dr Ferreyrolles.

Nous ne voulons pas charger de pages infinies ce livre et nous renverrons le lecteur à l'*Homéopathie Moderne* du 15 juin 1936, qui, paraissant en retard, nous est parvenue il y a 2 jours (août 1936, Néris). Tout le numéro est consacré à l'acupuncture et comporte même une correspondance des points chinois et des points de Weihe que nous verrons utilisée par l'électropuncture.

En effet, si les points chinois indiquaient l'emplacement où devait être fichée la pointe ou l'aiguille (pendant un temps que le pendule aiderait incontestablement à fixer pour chaque malade) dont la piqûre détermine par action nerveuse le choc nécessaire au rétablissement de l'organe malade parfois loin de là ; les points dits de Weihe (nom d'un docteur homéopathe allemand) correspondent eux, en principe, à l'indication d'un remède homéopathique à doser par d'autres méthodes. (Ici encore la radiesthésie pourra faire instantanément le contrôle de la réalité du remède suggéré et s'il y a lieu servir à son dosage.)

D'où naquit un procédé dit électropuncture qui ne tarda pas à donner des résultats tangibles (encore que non confirmés dans le temps de façon sûre, vu la naissance récente de cette méthode). Le Dr de la Fuye se demanda s'il ne pourrait pas remplacer par une touche électrique au point du remède, le remède lui-même. Si bien que le diagnostic conseillant *benzoic acidum*, on fera une touche à haute tension à droite du thorax, au deuxième espace sur la ligne paraxilaire, point de Weihe correspondant.

Reste à déterminer la tension à employer, ce qui est du domaine opératoire et (sinon par la radiesthésie mentale) jugé par les résultats de séries.

7. Exemple de silicea

Voici pour un point que nous avons rencontré l'indication des correspondances sino-homéopathiques (autres souvent rencontrés : Thuya-Actea racemosa).

Au-dessus du nombril : Point : Choe-fenn ;
                          Weihe : Silicea.

Choe-fenn : abdomen dur, douloureux, ballonné ; ballonnement et crampes d'estomac, douleurs périombilicales, diarrhées.

Silicea : Abdomen dur, tendu, souvent douloureux au toucher. Eructations, nausées, pression à l'estomac, sensibilité et serrement de l'appendice xyphoïde.

Evidemment, il y a d'autres indications de Silicea, mais tout de même la ressemblance est forte et cela se serre de près pour presque tous les autres points en correspondance.

VI. Régimes et remèdes

1. Le naturisme en cure. — 2. A propos de matière médicale.
3. Colombophilie.

1. Le naturisme en cure

Nous laissons de côté le nudisme, pensant que l'effet de l'exposition au soleil de notre corps offre des risques (brûlures sur les plages). Le Dr Carrel dit que jusqu'au moment où l'effet en sera connu, le nudisme et le brunissement exagéré de la peau, même par l'ultra-violet, ne doivent pas être acceptés aveuglément par les blancs. Les dépendances de la peau filtrent vers nos nerfs certaines choses des mondes physique et psychologique. Modifier ce tamis est gros de conséquence.

Nous parlons donc du naturisme sous ses différents aspects : aliments, végétaux crus ou cuits ou alternés. Ici l'apparition du pendule et de la baguette peut être d'une grande utilité, non pour faire une règle de vie du naturisme, mais du moins pour des périodes de cure, lorsqu'il s'agit de modifier plus ou moins vite les tendances morbides héréditaires. En dehors de la loi de sympathie applicable constamment au choix puis au dosage des aliments, il y a les méthodes de contrôle de vigueur et de vitalité du sujet, mouvements minimes de jour en jour et qui peuvent sensibiliser le radiesthésiste. C'est ainsi que nous devons personnellement beaucoup au naturisme ainsi dirigé par le pendule d'un des plus honorés des radiesthésistes actuels, *que nous n'avons jamais rencontré.*

En quelques mois un effondrement physique par surmenage était redressé concurremment aux tendances tuberculiniques de notre organisme.

Parmi les aliments de base préconisés, nous citerons le confit d'amandes, dont on trouve depuis quelques années dans le commerce des échantillons divers et de valeur très variable. Il faut, en effet, un dosage précis de ses éléments et une continuité de malaxage pour obtenir un maximum de résultat. D'aucuns utilisent du miel, d'autres le proscrivent, une maison qui paraît avoir abandonné le marché avait présenté un confit semi-liquide où miel et noisettes dominaient. Un accord radiesthésique le donnait comme utilisable dans un terrain syphilitique héréditaire.

Aller à l'aveuglette serait long et pour ceux qui ont obtenu pour eux toute satisfaction de l'usage de la radiesthésie alimentaire conseillons les ouvrages des Drs Carton [1] et Bircher, dans lesquels ils glaneront leurs idées. Des recettes intéressantes paraissent dans le journal des Drs Durville. Il ne s'agit pas ici de médecine illégale, le radiesthésiste est libre de se soigner lui-même. Les régimes et les médicaments relèvent du médecin, c'est vrai. Mais en alimentation on ignore encore la réponse du corps aux substances chimiques contenues dans les aliments. Les naturistes ou plutôt ceux élevés dans le naturisme, diffèrent des consommateurs de viande, vin, bière ou alcool.

---

[1] L'auteur regrette l'hostilité du Dr Carton pour la radiesthésie ayant avec lui confiance dans le naturisme et une admiration commune pour le « Pèlerin de l'Absolu » sur lequel le Dr Carton vient de publier un grand livre : *Un héraut de Dieu, Léon Bloy.*

Les états de calories, de compositions chimiques, de teneur en eau, en azote, etc., des viandes ou des légumes, n'indiquent pas des suites mathématiques à l'ingestion de ces produits. Tel naturiste proscrit le lait, un autre le miel, tel autre les préconise.

Nous croyons pouvoir poser comme principe que pour l'effet du remède ou du repas sur le sujet, la radiesthésie qui répond en fonction de cet individu concret est un élément considérable du traitement et nous ne pensons pas être contredit par un seul praticien se servant lui-même ou par personne interposée du pendule !

2. A propos de matière médicale

Le pendule a indiqué parfois pour des malades des remèdes qui *a priori* ne paraissaient nullement couvrir le symptôme et nous avons constaté un jour dans une observation que nous avons faite avec le Dr R..., homéopathe, le peu d'efficacité sur un abcès dentaire des médicaments syntonisés parmi les usuels (apis 3, 6 et 12, notamment) et le résultat ultra-rapide d'un remède des voies génitales plutôt, Agnus Castus 30, qui donnait au patient la sensation que dès l'absorption des granules son abcès était pompé vers l'intérieur.

Ce cas est une illustration des théories homéopathiques qui demandent que le tempérament entier soit traité par un remède de fond (en 30° ou haute dilution) en même temps que l'accident, celui-ci parût-il être greffé sur un élément extérieur de douleur indépendant du terrain.

Pour d'autres raisons, plus profondes, le malade était en relation avec Agnus Castus.

Ce petit remède n'a pas toute la place méritée en matière médicale. Il est tiré d'une plante que les moines anglais mettaient en leur couche pour lutter contre les excitations de la chair. Homéopathiquement il combat l'impuissance.

Quelques autres indications :

Froid aux dents : Coccinella, mais aussi Glonoïn 6. — Le staphylococcin n'est accordé en général que si le sujet réagit aux témoins staphylocoques blancs et dorés, mais pas si un seul témoin marche. Les dilutions 12 et 18 peu employées paraissent ici les meilleures. Le Streptococcin est moins souvent indiqué malgré la probabilité de streptocoque chez le patient. Il semble que le rubiazol allopathique lui soit préférable.

Toux : lorsque la toux est fréquente, habituelle, assommante, et que les remèdes employés n'ont pas de succès durables (terrains psoriques ou tuberculiniques), le pendule a donné plusieurs fois Gelsémium de la 5 M à la CM et nous pensons que ce remède s'affirmera aussi en haute dilution dans des cas rebelles.

Enfin, nous avons eu l'occasion de constater l'accord sur quantités de sujets tuberculeux du Mimonebtol, médicament d'origine coloniale, que le Dr Breffeil a utilisé en A.O.F. des années durant comme antipaludéen. Confronté avec le témoin paludisme, l'accord du Mimonebtol continue. (Notons que tuberculose et paludisme vibrent dans l'orangé H.19 de l'échelle Turenne.)

Le Dr Breffeil n'exerçant plus, croyons-nous, peut-être des praticiens homéopathiques pourraient-ils lui demander son produit et en tirer une dose analogue en résultat aux tuberculines diluées ?

La radiesthésie en phytothérapie, dans la recherche et l'utilisation des simples, a déjà été étudiée dans notre précédent livre, ainsi que le traitement magnétique.

Nous n'y revenons que pour mémoire, en signalant encore la possibilité d'indication et de dosage des cures thermales par exemple, comme cela nous est arrivé, en accord, du reste, avec le docteur traitant.

3. Colombophilie

En attendant de réunir les observations faites sur nos pigeons en un opuscule à l'usage des colombophiles, nous complétons ici les données pratiques de notre *Manuel de Radiesthésie*.

D'abord, on pourra se servir de la figure 23 pour rechercher avec, en témoin, une plume du pigeon, le point malade de son appareil digestif, ce dont il souffre le plus souvent, s'il ne s'agit pas de parasites extérieurs ou de petites tumeurs ou excroissances qui se voient ou se sentent à la main.

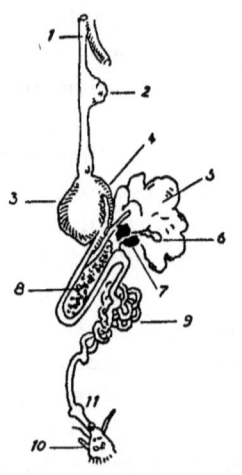

Fig. 23. — 1. OEsophage. — 2. Jabot. — 3. Gésier. — 4. Pylore. — 5. Foie. — 6. Vésicule. — 7. Rate. — 8. Pancréas. — 9. Intestin grêle. — 10. Oviducte. — 11. Cœcum.

Les graines, selon le mélange choisi, devront être de premier choix, naturellement ; l'utilisation du gravier ou du silex concassé est utile voire indispensable chez les reproducteurs.

Dans les couples faits en consanguinité (peu intéressants) il arrivera souvent que si les œufs ne sont pas clairs, un au moins sur deux le soit fréquemment, et que, en outre, les petits se développent dans l'œuf mais ne sortent pas de celui-ci. On peut alors utiliser l'indice vie-mort et si au 19ᵉ jour d'incubation l'œuf est vivant, essayer très délicatement de lui faciliter l'éclosion soit en passant une couche de vinaigre acide de 2 ou 3 mm. de large autour du milieu de l'œuf, ce qui diminue la résistance de la coquille, soit en décollant avec précaution, à l'aide d'une aiguille, quelques écailles de coque sans crever la première enveloppe.

Le mieux sera de remplacer l'un des parents par une bête d'autre provenance.

Guérison du coryza. — Elle s'obtient rapidement en conjuguant Allium cepa 6 et Baptisia 18 ou 12. Donner Allium le matin et Baptisia le soir. En général, au bout de 3 jours, le mal est conjuré (2 granules chaque fois).

Helminthiase. — Beaucoup de sujets présentent des vers intestinaux. Utiliser Cina 6, pendant une semaine sur les malades, et renouveler plus tard s'il y a lieu. Un seul granulé peut suffire à chaque fois.

Affections des yeux (après traumatisme parfois). — Tamponner l'œil une ou deux fois par jour avec une ouate imbibée de teinture mère de Euphrasia et en même temps donner un granule quotidien de Euphrasia 6. (Pour la ouate, la tremper dans une tasse où l'on aura mis 10 gouttes de T.M. pour 3/4 d'eau, et jeter la ouate après chaque lotion.)

La diphtérie du pigeon (que guérit l'isopathique R 215 en 6° centésimale, Pharmacie Homéopathique, 68, boulevard Malesherbes, Paris) est différente de celle des poules, et non transmissible à l'homme. Nous espérons qu'un éleveur disposant de plus de temps que nous, qui sommes trop chargé de besognes diverses, voudra un jour s'y intéresser pour faire l'essai en série et pendant le temps voulu d'une haute dilution en vaccin de cet isopathique. Cet essai ne nous est pas possible à nous-même et son intérêt serait très grand, l'affection du pigeon étant de formes variées: la poquette (forme diphtéro-variolique) serait peut-être enrayée elle aussi.

Pour finir, incitons les radiesthésistes à soigner eux-mêmes leurs animaux domestiques... Tout récemment encore, une dame de Marseille arrêtait les crises épileptiques de son chat, sur nos indications.

VII. Recherches spéciales

1. Travail sur plan. — 2. Recherches de pistes. — 3. Vie et mort. — 4. Fading provoqué. — 5. Course à Jouvence. — 6. Méthode d'Ogino. — 7. Et d'autres recherches.

1. Travail sur plan

Nous n'avons répondu qu'aux lecteurs (de notre *Manuel*) nous ayant envoyé à corriger leur détection du plan de la page 177, mais non à ceux demandant simplement une solution. La figure 24 de cet ouvrage leur indiquera le résultat de nos recherches sur place et à distance. Le cadavre que nous y avons ressenti serait-il celui d'un homme prisonnier laissé dans une oubliette ? C'est peu probable étant donné la réputation encore vivace de la bonté des anciens seigneurs du lieu. Peut-être plutôt un chercheur qui ayant pénétré dans les souterrains s'y est perdu. Si une exploration en est décidée, quelque jour, nous aurons la réponse à ce mystère.

Un de nos amis, à qui nous avions indiqué un souterrain sous une cave ancienne (avec décalage de profondeur toutefois) nous avisait qu'à la première recherche il avait ramené un cadavre (de la guerre) et nous demandait de lui confirmer, sur un plan coté, de sa cave, nos premiers renseignements. Accidentellement, nous lui indiquions ressentir également un cadavre à cinq mètres de là, en une niche et comme un morceau dudit cadavre à hauteur de la tête. Certainement, nous téléphonait-il aussitôt. C'est le cadavre en pièces que j'ai déposé exactement là.

Beaucoup d'erreurs ou de mauvais travaux naissent de plans inexacts, et l'opérateur ne doit pas chercher à les

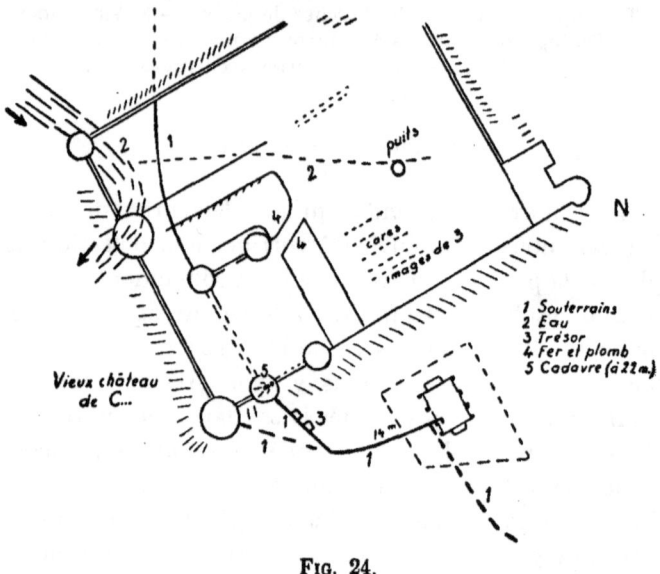

Fig. 24.

corriger mentalement car son imagination dominera. Un exemple : sur un plan de ferme de l'Oise où fut trouvé de l'or et où existaient des rémanences nombreuses, nous ressentions le long du mur d'une chambre du rez-de-chaussée, à l'intérieur, une réaction donnant une profondeur de 1 mètre environ, et l'onde subsistait du côté opposé du mur, à l'extérieur, avec une profondeur de 4 mètres. L'impossibilité n'était qu'apparente, le derrière de la maison était surélevé de 3 mètres par rapport au devant.

Ajoutons une cinquième méthode à celles citées déjà ailleurs :

Exploration rapide : on peut utiliser une tige (à pointe, celle-ci servant ensuite à préciser) de 20 cm. par exemple, et diviser le plan en carrés à explorer de 20 cm. de côté.

Placé de préférence face à l'ouest, l'opérateur promène cette tige couchée à même le papier, dans le sens S.-N. ou N.-S. et enregistre, s'il y a lieu, l'accord du pendule en fixant un point. Ensuite, il opère E.-O. et ressent une nouvelle sensation. Le croisement des deux lignes ainsi faites indiquera l'emplacement cherché (fig. 25).

Le témoin ou le pendule spécifique sont nécessaires, sauf orientation mentale parfaite.

Une équerre de cellulo, graduée et de dimension appropriée, avec un index formant lame au lieu de tige peut parfaitement fournir un équipement fixe pour ce travail simplifié.

2. Recherches de pistes

Il y a celles de disparus et celles de gens que l'on veut suivre pour expériences.

Dans le premier cas, et suivant les témoins en possession du chercheur, il faut d'abord tâcher d'élucider la vie ou la mort du disparu, nous indiquons plus loin comment.

Ici la qualité de l'orientation mentale domine, afin de ressentir si le disparu, lorsque sa piste, c'est-à-dire ce que son passage a laissé dans le temps et l'espace, est trouvée, a déjà sa vitalité modifiée et à quel point elle se modifie. Ainsi on peut inférer qu'il y a eu blessure, perte de vigueur, avant la mort, ou que celle-ci a été brutale. L'examen des sensations psychiques données par le témoin aidera alors à penser à accident, suicide ou meurtre. De même, si la mort nous apparaît probable à un point X et que le corps soit (à moins d'être dans l'eau) à un point Z, éloigné de là, possibilité de transport du blessé ou du cadavre par quelqu'un.

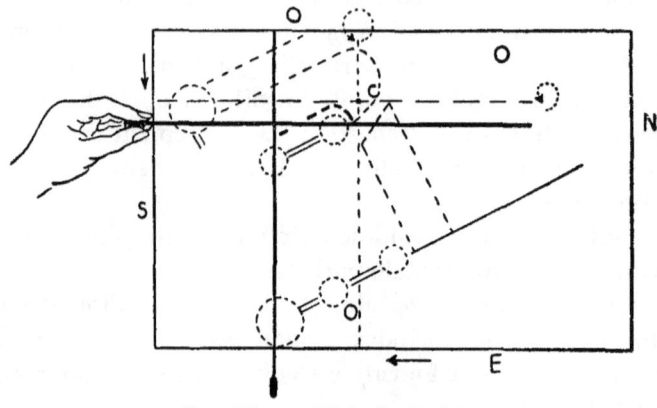

Fig. 25. — Méthode linéaire.

C, point de rencontre des deux lignes ayant fait réagir le pendule (fer ou plomb par exemple).

Il faut beaucoup de pratique, de modestie et de jugement dans ces affaires où excellent certains as connus. Nous savons bien que « l'échec » de Chaumont a permis aux adversaires de se moquer de la radiesthésie. Mais pendant plusieurs mois les autres recherches ont-elles échoué ou non ? L'interdit devrait donc être général. Du reste, il a été ensuite reconnu que le point avait été indiqué par au moins un pendulisant. Et l'abbé Mermet n'avait-il pas dit publiquement qu'une partie du corps manquerait à l'enfant lorsqu'on la retrouverait ? Etant donné la complexité de cette recherche et la perfection des méthodes à employer, il n'y a qu'un regret à avoir dans cette affaire, c'est le trop grand nombre de chercheurs incompétents qui ont pensé plus au succès qu'à la douleur des victimes. La faiblesse des résultats naît de la médiocrité du but !

Du reste, la carence générale des procédés de recherche malgré le nombre des chercheurs a peut-être une explication ... astrologique, qui couvrirait cet échec en le rendant obligatoire pour une certaine période de temps... (cf. *Astrologie*, 3ᵉ partie).

L'entraînement du radiesthésiste peut se faire sur le trajet d'une personne ou de plusieurs personnes devant parcourir, par exemple, les rues d'une ville et quittant le point de départ à une heure fixée d'accord avec l'opérateur.

Ici, on a vu des résultats excellents et dépassant parfois la radiesthésie, du moins en apparence, pour devenir de la voyance.

En effet, en dehors du trajet et des arrêts, on a pu indiquer un achat, le mobile de l'achat ou de l'arrêt, voire la somme versée...

Pour écrire sûrement ici voyance égale radiesthésie, nous pensons que le même travail devrait être fait sur personne non accompagnée et non au courant de la recherche, parce que, autrement l'extension des « auras », un phénomène de télépathie, la science du sourcier combinés peuvent justement exclure le terme voyance...

Pour recherches de ce genre, une personne en vacances en mer, à l'étranger, au loin, nous préférons toujours le travail vers 6 à 8 heures du matin, après un bon sommeil, que la personne cherchée soit prévenue ou non.

Deux élèves travaillant l'une en Italie, l'autre à Paris, ont reconstitué, l'une exactement, l'autre à une erreur près (un port voisin), le trajet de croisière d'une troisième personne, pendant une quinzaine de jours, dans la Méditerranée. Comme indications : date et point de départ, lieu de fin de croisière avec date probable seulement...

3. Vie et mort

Evidemment, s'il s'agit d'un absent on aura peu souvent à examiner si un sujet est mort ou vivant, sur lui-même, encore que le doute radiesthésique puisse permettre d'éviter l'enterrement d'un être en catalepsie ou léthargie ou dans l'apparence de la mort. Cette possibilité si réduite aujourd'hui suffit encore à apeurer beaucoup de personnes.

Si l'on a pour témoin une photo aussi complète que possible (de face, en pied) cela ira bien, sinon il faudra transposer sur une planche anatomique le témoin correspondant.

Des cheveux de décédé ont causé au moment de l'accord mental des vomissements à notre ami Chalançon, et souvent des sensations d'étouffement à d'autres. Il s'agissait de mèche coupée après la mort. En dehors du témoin vie et mort de Turenne à utiliser tenue à plat et qui fait que le pendule n'agit que sur vivant, il y a d'autres méthodes.

Prenons un pendule choisit pour indiquer le sexe du sujet par une rotation, noir pour une femme, violet pour un homme par exemple. Supposons qu'il s'agisse comme en général c'est le cas, d'une photo, ou d'un témoin venu de la personne vivante (c'est-à-dire prélevé avant son décès connu ou supposé).

Placé sur la tête, entre les deux yeux, le pendule tourne, et indique la vie. Oscillations : probabilité de mort.

Par orientation mentale de « vie » l'accord peut se réaliser ou non entre le témoin examiné et une photo de vivant certain ou de mort certain, ou avec un vivant, fût-ce l'opérateur lui-même.

Ceci n'est pas sans danger, non plus que la méthode qui consiste à orienter sa recherche sur le cœur du sujet, c'est-à-dire à la hauteur du cœur sur photo ou sur planche. Le pendule, au lieu de se syntoniser si l'on peut dire avec les battements du viscère vivant, peut s'arrêter, d'où l'on conclut à la mort.

On cite des cas où cette opération se faisant pendant une agonie ou une opération grave, elle a eu lieu au moment même de la mort et aurait démontré qu'il existait bien une liaison entre les êtres aussi distants soient-ils, par un choc en retour brutal, provoquant une grave syncope du radiesthésiste.

Une forte sensation de froid saisit aussi une de nos élèves travaillant, sans le savoir, très peu d'instant après le décès d'une personne à l'hôpital.

Faudrait-il en conclure à la survie si le pendule continuait à indiquer la vie sur un décédé ? Cela nous paraît fortement exagéré et étant hors de tout contrôle possible, ouvrant la voie à toutes les affirmations gratuites. Pensons plutôt à un défaut de technique. Mais soyons extrêmement prudents lors de travaux sur malades graves. La véritable « présence » à distance d'un mourant semble bien avoir été ressentie par des gens de toute espèce, et le volume de R. H. BENSON, *Dans le Van du Vanneur* (Desclée-De Brouwer, Paris) est curieux à ce sujet, l'auteur n'étant pas suspect de spiritisme ou ésotérisme quelconque !

4. Fading provoqué

L'étude de ce phénomène est à faire plus sérieusement qu'on ne le pense, la période n'étant pas loin où des imprégnations fausses à distance gêneront les sourciers. C'est dans l'ordre que les choses se défendent. A ces visiteurs indésirables, le propriétaire se soustraira par un blocage des ondes qui empêchera la détection de son trésor ou la rendra dangereuse (pensez à l'Egypte). A celui qui sera tenté de décortiquer votre écriture, vous répondrez par un écran de protection, des couleurs gênantes, et nous l'avons contrôlé par un procédé de magnétisme...

De même que la présence d'un tiers désireux de vous voir trouver de l'eau peut agir parfois et fausser le résultat, de même celle d'une personne tremblant de vous voir indiquer la réalité peut bloquer momentanément vos réflexes.

Il n'y a pas lieu de s'étonner qu'une volonté puissante agisse sur l'opérateur et l'empêche de travailler. Sans doute, il le ressentira, mais trop tard et sa journée ou sa recherche seront perdues. Le sourcier devrait donc travailler seul le plus souvent.

L'alimentation ou la méthode du Dr Chavanon (goutte de Guaco T.M. dans un peu d'eau) qui agissent sur le fading physique chez le sourcier seraient sans recours ici.

Tant que la « moyenne fréquence » du radiesthésiste n'est pas perturbée, par exemple par une drogue agissant sur les nerfs du cerveau ou par la déviation psychique de cette moyenne fréquence, il n'y a pas fading. En effet, une opération aux doigts, même avec utilisation de chloroforme n'altère pas toujours la sensibilité. Et même un doigt de caoutchouc placé sur notre index de recherche n'empêchait pas un diagnostic ou une exploration radiesthésique.

Resteront les erreurs volontaires qui seront jetées sous les pas du sourcier. Elles seront bien faciles à utiliser alors pour expliquer ses échecs. Ou bien tentantes. Mais elles ne seront pas du domaine de tout le monde.

Faut-il rappeler ici ce qu'expérimenta lors du congrès de 1913, M. Mager, le pionnier incontesté des procédés colorés, et que beaucoup de radiesthésistes connaissent insuffisamment ? En dehors de son indicateur galvanométrique des eaux souterraines, utilisable sur terrain sec et non boisé, premier appareil de radiesthésie contrôlée, M. Mager avait créé des émetteurs d'onde (formés souvent de piles analogues en forme à celle de Volta, mais faites d'autres éléments activés).

Un projecteur transmettait donc en un point de rue où l'on devait faire passer les congressistes, la vibration atomique de l'eau. Un des opérateurs indiqua sentir de l'eau, mais que ce n'était cependant pas de l'eau ; un second dit trouver de l'eau, mais sans profondeur ; un troisième tenta de donner une profondeur, tous ressentirent la vibration de l'eau !

De même des alliages de métaux, à utiliser en étouffement d'ondes nocives, pourront annihiler, à de grandes distances, des courants ou même dévier ou arrêter le rayon fondamental de masses cachées.

5. Course à Jouvence

Les expériences faites sur des documents intéressant les greffes animales n'ont pas été très brillantes au point de vue radiesthésique. Soit que les glandes d'animaux greffées ne soient pas en définition viables longtemps sur l'homme, soit que tout au moins l'expérience exige impérativement une affinité particulière, comme celle demandée aujourd'hui entre le donneur de sang et le malade, jamais l'accord pendulaire n'a été bon, les indices polarités, vitalités, restant mauvais ou altérés, malgré l'apparence.

Les études médicales sur les glandes endocrines en revanche sont du plus grand intérêt. Nous avons entendu en conférence publique des médecins reconnaître l'apport important qu'ils doivent là à des radiesthésistes et notamment à Mme Jacqueline Chantereine.

6. Méthode d'Ogino

Désirez-vous des enfants ?... Ou pour des raisons graves, santé, charges sociales, éviter le retour d'une grossesse ?

Ceci n'est pas seulement un problème animal, mais un des plus graves de l'humanité, parce que au plus haut point religieux et social. Déjà de nombreux livres ont paru sur cette nouvelle méthode de liberté de la conception, mais l'un des premiers fut en France celui du Dr Henri Trochu, édité à 6 francs par les Presses Bretonnes à Saint-Brieuc.

Ce n'est pas ici le lieu de discuter sur le principe d'une maternité voulue, consciente, ou rejetée comme indésirable. Ce que nous voulons surtout indiquer au lecteur c'est que, avant la découverte du Japonais Ogino, c'était un peu le chaos dans les idées et les faits qui ne pouvaient s'établir en série comme on a pu le faire au Japon, c'est que l'on demandait surtout aux méthodes connues l'immunisation contre la grossesse et que tout ceci était plus ou moins néo-malthusien, partant, en désaccord formel avec la doctrine de l'Eglise catholique (depuis la condamnation biblique d'Onan). Combien de douleurs et de difficultés écartelaient ainsi des gens désireux à la fois d'observer la doctrine et coincés par des considérations sociales pratiques, de santé ou de famille qui leur créaient de perpétuels soucis...

Et à part cela qu'avaient comme ressource à essayer ceux qui, sans enfants, se désespéraient de n'en pas avoir et observaient cependant les indications médicales, parfois contradictoires pour y parvenir ?

La méthode d'Ogino, avant tout, ouvrant les possibilités en plus ou en moins, ne violant nullement la nature, l'Eglise catholique sachant bien la situation de ses ouailles et n'ignorant pas, heureusement, combien de couples désirent des enfants, a paru sous des plumes autorisées de ses prélats, accepter l'usage de la méthode d'Ogino dans les familles chrétiennes.

Rappelons, d'après l'ouvrage cité, l'exposé des faits :

« La menstruation marque la fin du cycle génital, elle est signe du fonctionnement ovarien normal. La femme a ses règles parce que l'ovule qu'elle a pondu n'a pas été fécondé et qu'un autre arrive périodiquement à maturité, suivant un rythme harmonieux.

» Et il faut qu'il en soit ainsi, que la nature se débarrasse des déchets. S'ils s'accumulaient, ils finiraient par empêcher les fonctions normales de s'exercer. L'ovule constitué en vue d'une fécondation rapide s'entoure au bout de quelques heures d'un enduit albumineux qui, en fait, empêche toute fécondation ultérieure. De là, l'importance pour ceux qui désirent des enfants de connaître cette date à chaque période menstruelle. »

Le cycle menstruel est l'intervalle établi en jours qui sépare le premier jour d'une menstruation y compris celui-ci du premier jour de la menstruation suivante non compris celui-ci.

L'erreur dans les recherches du temps apte à la fécondation a été souvent de compter sur des cycles invariables de 28 jours.

Il a fallu Ogino pour démontrer l'évidence même après un peu de réflexion du fait que c'est la fonction ovarienne qui « conditionne » la menstruation.

« La période d'ovulation ne dépend donc pas de la menstruation précédente, mais c'est au contraire la menstruation suivante qui dépend de l'ovulation puisqu'elle est justement résultat d'une ovulation non suivie de fécondation. Cette ovulation conditionne la menstruation suivante jusqu'à en déterminer l'échéance précise.

» Ogino non seulement a pu déterminer la fixité de l'ovulation par rapport à la menstruation suivante mais il a réussi à en fixer la date. Il constata que dans tous les cas cette période d'ovulation tombait constamment entre le 16e et le 12e jour qui précède la menstruation attendue.

» C'est à dessein que le Dr Ogino opéra sur des sujets à cycle variable (23 à 45 jours) mais il partit d'un point de départ logique et aboutit à ce résultat étonnant que personne avant lui n'avait pu dégager. »

Il en résulte — et ce fait semble bien scientifiquement démontré — que la période d'ovulation chez une femme donnée tombe toujours entre le 16e et le 12e jour précédant la menstruation à venir... et c'est la seule période qui soit propice à la fécondation.

Nos amis qui ont pu s'intéresser à la question nous ont indiqué que le pendule, guidé par une orientation mentale précise, confirmait la découverte d'Ogino et que, d'autre part, il permettait de l'adapter sans calculs ni difficultés aux cas de menstruation irrégulière, se tenant toujours dans ces cas-là à une réaction d'accord entre le 16e et le 10e jour avant réapparition des règles.

7. Et d'autres recherches...

Dès 1932, au moins, un apiculteur, M. Couterel, guide ses travaux par radiesthésie. Un rédacteur de *La Petite Gironde* l'a vu travailler en 1933 :

« Cette ruche était destinée à périr, nous allons la sauver, me dit l'apiculteur, en lui donnant l'essaim que nous avons prélevé. Nous allons introduire cet essaim

Fig. 26. — Le pendule gire 12 fois sur le châssis où est la Reine.

dans un petit palais bien aménagé avec quelques serviteurs, des meubles, des réserves de miel ; il ne manque que le maître de cette ruche, nous allons le lui donner.

» La caisse grillagée est vidée de son contenu sur un plan incliné recouvert d'un drap blanc offrant à l'abeille une sorte d'escalier à pente douce qu'elle suivra tout naturellement.

» La procession commence. Les premières abeilles ayant pénétré dans la ruche pour la reconnaissance des lieux, donnent le signe de rassemblement au gîte rêvé.

Aussitôt la foule des abeilles s'ébranle, et j'assiste émerveillé à cette ruée.

— Voilà la reine, s'écrie l'un des opérateurs.

» M. Coutarel agenouillé, sans voile, au pied de l'estrade, regardant d'un œil assuré cet important défilé de mouches dont les dards acérés ne paraissent pas l'émouvoir, suit avec son pendule la reine dans sa marche... »

M. Baradat, professeur à Casablanca, a inauguré, semble-t-il, il y a quatre ans une méthode qui est à notre sens démonstration évidente de la réalité des ondes du fait physico-chimique :

« Une feuille blanche posée sur un courant d'eau souterrain s'imprègne de ses radiations et on y retrouve aux détecteurs la masse d'eau, sa qualité, la profondeur, le sens du courant, etc., et l'on peut développer soit sur fil d'antenne, soit autrement, la coupe géologique. M. Baradat a réussi cette expérience soit en réunion soit ailleurs une cinquantaine de fois. »

Notons que l'inventeur nous écrit : 180 recherches d'eau, 2 échecs...

Les photos muettes, du fait de croisement de bras du sujet rendant toute détection avortée, seront sensibilisées par une simple liaison métallique se terminant en pointes et reliant le cœur de la photographie à celui d'une planche anatomique.

Mlle Troterau a imaginé un dispositif personnel qui prenant contact sur les bras et emmenant les réactions de ceux-ci hors de la photographie « ouvrent par force ces bras croisés ».

Appuyez une feuille de photo industrielle sur votre front. Projetez sur elle comme sur un écran l'image d'une personne. Un opérateur pourra faire le diagnostic de cette personne sur ces données.

La sensibilisation peut se faire aussi à distance par projection du regard (Baradat).

Les auras que nous allons étudier expliquent ces derniers faits.

Quant aux possibilités d'émissions radiesthésiques, les faits et expériences parlent déjà.

L'Association des Radiesthésistes du Marsan a, au cours de l'été 1935, après pas mal de travail et de mise au point des instruments nécessaires, établi une communication directe entre deux postes distants de plus de cent kilomètres. Et chacun de ces postes étant émetteur et récepteur de rayonnements radiesthésiques, de véritables conversations auraient été échangées...

De même, les membres de l'A.R.M. ont étudié un pendule automatique. Son principe serait basé sur la modulation en quelque sorte de la vibration radiesthésique. Il se suffirait à lui-même et saisirait seul l'onde à détecter.

Voilà des chercheurs peut-être exubérants, mais disciplinés et scientifiques...

Les recherches de pertes électriques en sous-sol sur lignes sont une branche d'activité pratique. De même celles sur plan (avec ou non contrôle sur place) des points de chute probable de la foudre sur lignes ou sur forêts, par exemple, seront importantes. Encore récemment, après une prospection avec M. l'abbé Mermet, nous rencontrions deux arbres frappés l'un en 1935, l'autre en 1936, par le feu du ciel. Sur des milliers, ils avaient été choisis... étant aux deux bords extrêmes à 30 mètres l'un de l'autre, d'une poche d'eau à 100 ou 200 mètres sous eux...

Et il y a bien des sentiers non encore défrichés...

8. Ondes à vitesse lente

M. Jacquot a remarqué les faits suivants en application de son émetteur d'ondes : découper un cercle de 4 cm. de diamètre (ou plus) dans trois cartons : un rouge, un blanc et un violet.

Déterminer la position de meilleure activité de chaque cercle (méthode Mager), position qu'il devra toujours occuper au cours des expériences. Pour cela, le poser sur une table et chercher l'orientation à lui donner pour permettre aux détecteurs de marquer les quatre points cardinaux. *Cette position n'existe que pour une des deux faces.* Quand on l'aura trouvée, tracer au crayon le rayon qui se dirige vers le nord, cette indication servira de repère.

Empiler les trois disques l'un sur l'autre, le rouge au-dessus et le violet en dessous, et mettre ce dispositif sur le plancher. Bien entendu, tous trois seront dans leur position de meilleure activité.

En présentant un détecteur autour du dispositif, on reconnaîtra au bout de quinze secondes environ, la présence d'une onde qui, partant des disques, se dirige lentement vers un objet voisin touchant le plancher (le pied d'une chaise, d'une table, par exemple) et s'arrête là. Peu après, d'autres ondes partent vers des objets plus éloignés.

Sur le trajet d'une onde, on peut mettre un corps touchant le plancher, une boîte par exemple. Ce corps forme obstacle et empêche l'onde de se propager au delà. Si, avec deux petites cales, on surélève la boîte de quelques millimètres, l'obstacle disparaît et les détecteurs se remettent à tourner au delà de la boîte.

VIII. **Psychisme**

1. Lettres et adresses. — 2. Polarité psychique. — 3. Les auras radiesthésiques. — 4. L'aura prévue par la science. — 5. Les auras en voyance. — 6. Exemple de « vision ». — 7. La standardisation des esprits.

1. Lettres et adresses

Il ne s'agit point ici de graphologie proprement dite, encore que cette science toute d'examen et d'attention se trouve parfaitement de l'usage du pendule comme le fait voir Mme Loeffler Delachaux dans son essai *Vers une nouvelle graphologie*.

Du reste, nous avons d'autres moyens d'investigation sur tel ou tel scripteur, nous voulons simplement indiquer ici un entraînement sur le graphisme des gens, sans y chercher autre chose que la fluctuation de la pensée.

Prenons une adresse quelconque : par exemple celle de la figure 27. La première indication pendulaire, en

> Avenue de Saxe, 68
> le 22 octobre 1932
>
> Cher Monsieur,
>
> Je vous remercie de vouloir bien vous intéresser à mon œuvre. Avec les livres que vous connaissez, j'ai publié un volume de vers et un roman en correspondant. J'achève un Bayeux pour la Collection ▬▬▬▬.
>
> Mais ne vaudrait-il pas mieux que nous en parlions de vive voix ? J'aurais plaisir à vous recevoir, si vous vouliez venir jusqu'à moi, au jour et à l'heure que vous m'indiqueriez.
>
> Je vous ferai parvenir mes autres ouvrages, et, dès la réception du Wurmlitre, je serai prêt à procéder à votre demande. Veuillez croire, cher Monsieur, en mes sentiments les meilleurs
>
> Guy Chastel

gros, sera une giration parce que la polarité de l'envoyeur est féminine.

Pour les essais que nous indiquons, il faudra changer de pendule, en prendre un violet ou bleu-indigo, par exemple, en tout cas permettant d'inverser le résultat polarité, c'est-à-dire de donner des battements sur nature féminine. Pour les masculines, un pendule ordinaire suffit. Prenant donc l'adresse d'une lettre devant vous, vous y trouverez plusieurs plans de battements, mais régulièrement répartis. Dans l'exemple cité, nous avons marqué le sens de chaque oscillation. Répétez cent fois l'expérience, cent fois les plans vont rester très près ou exactement dans les sens indiqués.

Toutefois, si exceptionnellement vous obteniez une giration, avec quelle attention il faudrait examiner la lettre incluse dans l'enveloppe !

En effet, des centaines de lettres examinées en détail, phrase par phrase, même en texte inintelligible pour nous, nous avons pu établir quelques règles, qui paraissent solides.

L'examen se fait avec un pendule léger et petit, juste à la verticale de la phrase, ou des lignes la composant. Ou bien en suivant le texte avec une pointe, le pendule étant à la main droite.

La rectitude de la pensée se traduit toujours et seulement par des *oscillations*. Ces oscillations indiquent que le caractère d'altruisme, de générosité, enfin le plus élevé pour chaque jet de cette pensée traduit sur le papier, est donné par le plus ou moins de rapprochement de l'oscillation perpendiculaire aux lignes.

Le battement dans le sens de l'écriture donne la pensée droite, mais banale, et la hauteur de pensée s'accroît suivant l'angle formé vers la perpendiculaire. Les mêmes mots à des points espacés du texte sont totalement différents en valeur.

Il n'y a d'exception que pour la rédaction en tête d'une lettre de la date et de l'adresse parfois du scripteur, ou dans le rappel entier de l'adresse du destinataire.

Le fac-similé de la figure 28 est parfaitement net, et peut servir de type. Voici le texte de cette lettre :

» Avenue de Suffren, 68
» le 22 octobre 1932

» CHER MONSIEUR,

» Je vous remercie de vouloir bien vous intéresser à mon œuvre. Avec les livres que vous connaissez, j'ai publié un volume de vers et un roman au *Correspondant*. J'achève un *Bayard* pour la collection... Mais ne vaudrait-il pas mieux que nous en parlions de vive voix. J'aurais plaisir à vous recevoir, si vous vouliez venir jusqu'à moi, au jour et à l'heure que vous m'indiqueriez. Je vous ferai parvenir mes autres ouvrages et dès la réception du *Nouvelliste*, je ferai part à Grolleau de votre demande.

» Veuillez croire, cher Monsieur, à mes sentiments les meilleurs.

» Guy CHASTEL. »

Si, en revanche, le battement pendulaire se transforme en ellipse, puis en giration, nous avons constaté que toute ellipse introduisait le trouble dans la pensée qui est mal traduite, toute giration contre la montre indiquait la falsification de la pensée, le mensonge, mais plutôt le mensonge conventionnel que celui destiné au mal, le mensonge mondain et pris trop souvent comme de bon ton ; car « ce qui est écrit, est écrit » !

Si nous avons une giration vers la droite, avec la montre, nous pensons à l'intention mauvaise, au mensonge voulu dirigé contre le destinataire ou les siens.

Comme dans des lettres anonymes écrites en style de bouge et dont l'écriture était contrefaite de différentes façons et qui nous furent soumises...

L'adresse, elle-même, ici, puait le mal.

Les expertises judiciaires auraient intérêt à utiliser ces règles qui doivent après une adaptation personnelle rester stables...

2. Polarité psychique

Parmi les échantillons soumis, il nous est arrivé d'examiner « en gros » un texte et de le retourner accidentellement devant nous, en plaçant la lettre à examiner non de face mais de côté. Rien d'anormal tant que le pendule reste de même sens. Cependant, il peut indiquer souvent polarité normale de face, et changer de sens lorsque la lettre est de côté ; on indique d'abord polarité inversée puis normale de côté.

Pour être fixé sur la polarité physique, il y aura lieu dans ce cas de demander une photo du scripteur.

Le plus souvent, on aura l'indice d'une polarité superposée inversée, la polarité psychique. Autrement dit, et momentanément, la façon de ressentir du scripteur comme sa façon de penser, pourront être perturbés.

On pourra donc déterminer que le pendule change de sens chaque fois que le rythme des échanges extérieurs sensibilité vers soi, ou sensibilité vers l'extérieur est malade, et en établir une méthode, mentale, évidemment, de prospection des facultés humaines de leur valeur et de leur altération.

Des travaux importants (depuis le F. Padey) ont été faits dans le but de rapprocher de la science la prospection des facultés psychiques, notamment par M. Voillaume (*Rayonnement des êtres vivants*) qui réalise des réglages de haute précision, donnant les rayons nerveux et sympathiques, et plusieurs autres rayons de la pensée avec des points d'origine et des longueurs d'ondes précises. Ainsi peut-il justifier, en quelque sorte, scientifiquement, le « rayon capital » de l'abbé Mermet, rayon provenant des yeux, d'intensité spéciale (fascination chez le serpent) et qui a la propriété, dit-il, de provoquer, par induction, l'émission d'ondes spécifiques venant aux yeux de l'opérateur...

Que le lecteur se reporte à la figure 30, intitulée par Mme Herboulet « Plan mental » aura de M. P. ; et il ne s'étonnera pas de ce que M. Voillaume étudie un peu plus tard les rayons digitaux.

3. Les auras radiesthésiques

Nous voici dans la recherche de ce qui environne la forme physique du sujet et que nos pendules nous indiquent de trois natures (fig. 29) :

Aura physique ;
Aura mentale des sensations ;
Aura mentale des extériorisations.

Nous entrons dans un domaine très controversé, que l'occultisme a un peu considéré comme sien, cependant que les couleurs entourant certains personnages chez les peintres « primitifs », les auréoles parfois diversement colorées des saints ou des extatiques indiquent que le phénomène s'il peut servir à certaines théories a été connu depuis longtemps et ne saurait demeurer privilège de l'occultisme comme semble le croire le R. P. Roure. Nous le suivrons dans ses mises en garde, toutefois, lorsque hors de ces plans colorés la voyante (surtout enveloppée d'adeptes de rites extraordinaires) discerne des figures fluidiques indépendantes des auras, figures géométriques, têtes de femmes, oiseaux s'échelonnant au-dessus de la tête du sujet. Il peut y avoir alors projection des idées de certains assistants qui se traduisent pour la voyante par une sensation de couleur ou de figure (sur un autre plan). Les assistants ou certains d'entre eux déclarent du reste souvent que leurs sentiments s'accordent avec ce que dit la voyante et aperçoivent même ce qu'elle décrit ou qu'ils lui font décrire.

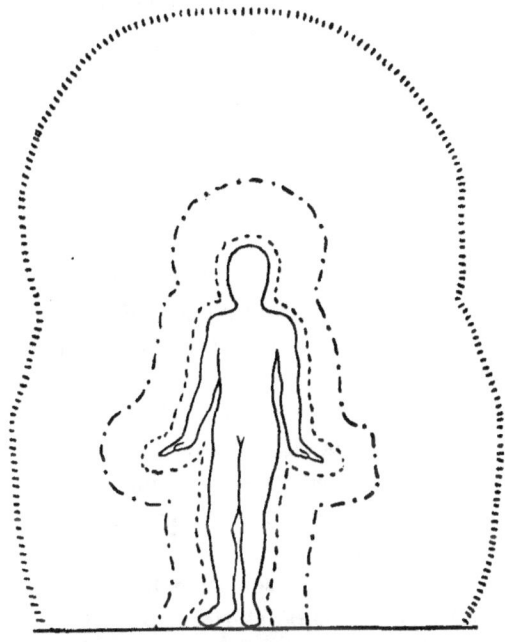

Fig. 29. — Auras radiesthésiques.

Nous verrons tout à l'heure que l'aura ne heurte plus les scientifiques.

L'aura physique s'étend pour nos indications radiesthésiques de la surface même du corps ou des vêtements à trois ou cinq centimètres de cette surface, avec exception pour les mains qui déforment parfois beaucoup vers les extrémités des doigts, cette zone.

C'est cette aura qui a été prospectée en long et en

large par le diagnostic des maladies, radiesthésique, ou par appareils neuro-électriques et c'est justement là l'explication simple des résultats rapides de débutants en pendule qui sont absolument inopérants sur le terrain.

L'aura mentale de sensation enveloppe la première dont elle épouse à peu près la forme sauf en divers points : la tête, ou l'épaisseur va de 6 à 20 cm. environ, le cœur qui paraît « matelassé » quelque peu, et enfin il y a des « points d'aura » qui indiquent des renflements de cette aura. Lorsqu'un point ou une zone particulière se rencontre elle couvre en général un endroit du corps dont le sujet nous dira qu'il est le lieu de sensations particulièrement fortes pour lui.

Nous sommes persuadés que l'éducation de ces points pour le rythme et l'intensité des sensations conduirait l'individu à en faire le lieu de détection radiesthésique personnel supprimant la nécessité du pendule.

Cela explique que beaucoup « sentent » par les mains, d'autres par des réflexes au visage, d'autres par une douleur au plexus, d'autres par chaleur à une zone cutanée déterminée.

La deuxième aura est « sensitive ».

La troisième est celle d'extériorisation. Elle débute où finit la seconde et son étendue est extrêmement variable. Pour son étude, il suffira de distinguer son point de départ et de s'en écarter quelque peu.

En effet, si l'on tient compte des modifications permanentes de cette aura en forme, étendue et couleur, suivant le dynamisme individuel, et les liaisons qu'elle réalise peut-être avec les auras voisines de personnes différentes, il n'est guère possible de la limiter même dans le sommeil.

Ce qui nous intéresse, c'est comment les étudier.

Déjà notre *Manuel* en indiquait le principe (pages 201 à 204) et des résultats, en donnant comme possible la lecture sur photo de ces auras ; nous n'y changerons rien et ajouterons :

Sur un individu normal, la polarité des trois auras est identique, oscillations pour l'homme, girations pour la femme.

Sur un individu anormal (radiesthésiquement) la polarité physique est perturbée et souvent une des deux autres seulement, ce qui explique la différence des résultats « psychiques » de l'inversion de polarité (Bosset).

Lorsque toutes les auras sont inversées, il y a des cas de folies.

Les « idées fixes », les « obsessions », l'intention de nuire, le mensonge, l'envie se traduisent par des indications pendulaires de sens différent de la normale (ce qui est explicable par la densité des auras ou leur changement de coloration dans la voyance) positions déficientes plus ou moins longues, la colère étant souvent très brusque, violente et courte. Du reste, chez des gens trop méconnus, « la colère n'est que l'effervescence de la pitié ».

L'accord mental le plus parfait possible doit se faire entre le radiesthésiste et l'objet de sa recherche. Ici aussi il faut définir proprement en soi telle faculté (comme pour l'eau le litre-minute). Tels procédés ne s'acquerront donc qu'à la longue. Utiliser pour l'aura mentale de sensations un pendule gris (mi-partie de blanc, mi-partie de noir dans la préparation) cette aura étant plutôt terne et passive. Pour l'aura externe, un pendule blanc, synthèse des couleurs.

Le pendule sera tenu dans les zones à observer.

Nous avons pu indiquer ainsi des causes profondes de troubles psychiques, la raison d'un divorce entre gens bien polarisés physiquement, la raison de la difficulté d'adaptation de tel individu à un service particulier.

La chose est passionnante et considérée seulement en indice joint à d'autres (raisonnement, agglomération de faits, symptômes psychiques) du plus haut intérêt pour beaucoup de gens.

Rappelons que le radiesthésiste doit rester *passif*. Il nous est difficile ainsi à cette époque de juger « au pendule » de tel ou tel homme politique !

4. L'aura prévue par la science

L'aura contrôlée a été plusieurs fois indiquée dans la presse ou dans des documents divers.

Récemment, M. le général Barbarin donnait sur la visibilité du fluide humain un article très intéressant dans le bulletin de l'A.A.R. (n° 39), comme M. Dannin, après d'autres, avait rappelé que le pendule, prolongement des doigts, avait été vu entouré d'un halo ou d'aigrettes de couleur.

Le septième chapitre de l'*Individu*, dans l'ouvrage remarquable du Dr Carrel, *L'homme, cet inconnu*, serait à citer en entier, car son sous-titre dit : *Extension de l'individu au delà des frontières anatomiques*.

« Si nous pouvions percevoir, écrit le Dr Carrel, les liens immatériels qui nous attachent les uns aux autres et à ce que nous possédons, les hommes nous apparaîtraient avec des caractères nouveaux et étranges. Les uns dépasseraient à peine la surface de leur peau... D'autres nous sembleraient immenses. Ils se prolongeraient en de nombreux tentacules... Les conducteurs de peuples, les grands philanthropes, les saints seraient des géants étendant leurs bras multiples sur un pays, un continent, le monde entier...

» Il ne faut pas négliger des faits parce qu'ils sont obscurs. Le temps est venu d'étudier ces phénomènes physiologiques. Mais les recherches métapsychiques ne doivent pas être entreprises par des amateurs, fussent-ils physiciens, philosophes ou mathématiciens. Pour les savants les plus illustres, Newton, Crookes ou Lodge, il est dangereux de sortir de leur domaine et de s'occuper de spiritisme ou de théologie [1]. Seuls les médecins ayant une connaissance approfondie de l'homme, de sa physiologie, de ses neuroses, de son aptitude au mensonge, de son habileté à la prestidigitation, sont qualifiés pour étudier ces faits... »

Pourquoi négligerait-on la radiesthésie en telles recherches ?

Ailleurs, le Dr Carrel justifie radiesthésie et auras :

« Nous pouvons guérir complètement d'une maladie ou d'une mauvaise action [2]. Mais nous en gardons toujours la trace.

» L'étude anatomique des maladies mentales n'a pas donné beaucoup de lumière sur leur nature. Peut-être même n'existe-t-il pas de localisation spéciale des désordres de l'esprit.

» Quand elles deviennent plus intenses et plus spécialisées, les fonctions mentales peuvent amener des désordres de la pensée. La plupart des grands mystiques ont souffert physiquement et moralement, au moins pendant une partie de leur vie. »

Et ailleurs :

« Si la rétine enregistrait les rayons infra-rouges, la nature se présenterait à nous avec un autre visage. La

---

[1] C'est le Dr Carrel qui parle.
[2] Evidemment, celle-ci peut être pardonnée, effacée. Elle n'en porte pas moins dans le temps ses fruits abominables.

couleur de l'eau, des arbres, des rocs, varierait selon les saisons... Et l'aspect des hommes serait bien changé. Leur profil serait indécis. Un nuage rouge s'échappant des narines et de la bouche, masquerait leur figure. Après un exercice violent, le volume du corps augmenterait, car la chaleur dégagée par lui l'entourerait d'une plus large « aura ».

5. Les auras en voyance

On peut les résumer ainsi d'après Mme Herboulet :

1° *L'aura physique* reflète les vibrations de la matière cellulaire. Sa forme est généralement ovoïde nuageuse, elle enserre étroitement le corps. Ses couleurs sont plutôt séparées, diminuées. Lorsqu'elle s'assombrit en un point, une défectuosité existe à l'organe correspondant. Si des taches brunes ou noires apparaissent dans l'ensemble, c'est l'indice d'un mal grave, latent, souvent héréditaire. Plus elles sont opaques, plus elles confirment l'hérédité ;

2° *L'aura animique ou nerveuse* reflète la sensibilité, le côté émotif de la nature, la sensation et les réactions qu'elle crée.

Plus étendue que la précédente, elle n'a cependant pas l'arrondi de l'aura mentale ni sa transparence. Chez un individu matériel, elle donne l'impression d'émettre des ondes ; chez un sentimental, elle est surtout formée de pointillés lumineux ; chez un intellectuel, elle donne l'impression d'une infinité de rayons superposés ;

3° *L'aura mentale* est beaucoup plus étendue. Quelle que soit la valeur normale de l'individu, elle donne l'impression d'une sphère généralement égale à deux ou trois fois la taille de l'homme.

Elle englobe les deux premières auras, contient toute

la diversité des pensées, le souvenir du passé et la valeur intellectuelle du présent.

Cette aura reste visible longtemps après la mort.

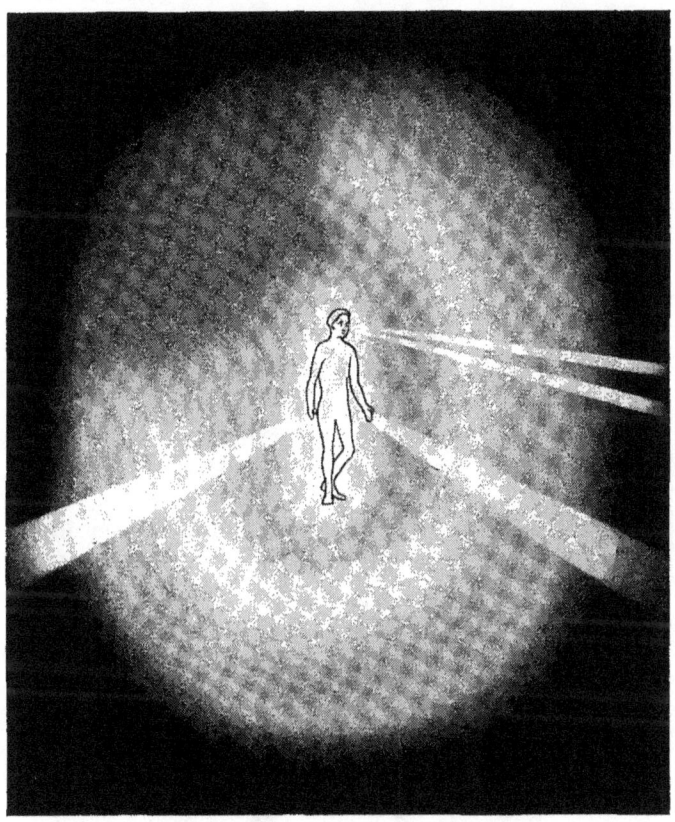

Fig. 30. — Plan mental. — Aura de M. P...

6. Exemple de « vision »

La figure 30 qui n'a pu malheureusement être colorée ici est commentée ainsi par la personne la voyant :

« A première vue, lorsque ce mental est en activité, il donne l'impression d'un cercle blanc se mouvant en

142 THÉORIES ET PROCÉDÉS RADIESTHÉSIQUES

tournant d'une façon inégale. Une ombre, en suivant le mouvement de rotation, en marque les inégalités.

» En état de passivité, on voit au contraire ce cercle coloré de teintes rappelant celles du spectre solaire. L'ombre s'étend sur une superficie de 60° environ en l'un des quarts supérieurs et semble s'attacher au côté droit du cerveau. Mais sans doute pour suppléer à cette défectuosité, les facultés tactiles et visuelles sont intenses parce que c'est par ces deux centres que la vie mentale pénètre le mieux dans le cerveau sous forme de vibrations qui semblent être aspirées avec une certaine avidité... »

Nous regrettons de ne pouvoir, pour rester dans notre domaine radiesthésique, donner le détail complet d'un tel examen.

7. Standardisation des esprits

Il découle de tout cela que vouloir uniformiser en un moule les esprits sous des formes plus ou moins « école unique » sous couleur de démocratie est une erreur grave.

En effet, si le développement d'êtres humains complets doit être le but de nos efforts, « il existe une classe d'hommes qui, quoique aussi disharmoniques que les criminels et les fous, sont indispensables à la société moderne. Ce sont les génies. Ces individus sont caractérisés par la croissance monstrueuse de quelqu'une de leurs activités psychologiques. Ces êtres non équilibrés sont, en général, malheureux. Mais ils produisent de grandes œuvres dont profite la société tout entière. Leur disharmonie engendre le progrès de la civilisation. L'humanité n'a jamais rien gagné par l'effort de la foule. Elle est poussée en avant par la passion de quelques individus, par la flamme de leur intelligence, par leur idéal de science, de charité et de beauté [1]. »

C'est vrai ! La plupart des grands hommes ont été élevés isolément ou ont fait éclater le moule péniblement supporté de l'école. Léon Bloy, cancre, se défendait au couteau des vexations de ses camarades. Il faut abandonner l'utopie de restreindre les forts pour faire pousser les faibles, car on aura une humanité de médiocres.

Nous nous excusons de nous être tant étendu dans ce dernier chapitre, espérant par là rencontrer un chercheur méthodique et suffisamment préparé à une étude aussi longue et hérissée de difficultés de jugement et d'observation que pourra être le psychisme dévoilé au pendule, aussi intégralement que possible.

---

[1] Dr Carrel.

TROISIÈME PARTIE

AUX CONFINS DE LA RADIESTHÉSIE

« Le mot « superstition » est un aveu d'ignorance devant des faits vérifiables dont on ne connaît pas la cause.

» Croire à la radiesthésie, il y a vingt ans, c'était de la superstition.

» Les sciences initiatiques expliqueraient telles ou telles prétendues superstitions. Or, la science officielle est en train de rejoindre les sciences initiatiques.

» Dans cinquante ans, le mot « superstition » ne sera plus dans les dictionnaires. »

Max Jacob.

I. Astrologie

1. Définition. — 2. Appuis à l'astrologie. — 3. Lois de Wronski.
— 4. Recherches de disparus. — 5. Les transits. — 6. Causes
d'erreurs. — 7. Les planètes de la radiesthésie.

1. Définition

L'astrologie est la sœur adultérine de l'astronomie ou sa fille bâtarde pour le monde d'aujourd'hui. Cependant, de grands esprits furent astrologues de valeur, Paracelse et même saint Thomas, par exemple. Le moins que l'on puisse dire de ces savants pour leur sauver la face devant la science du xxe siècle, est que « s'ils passaient leurs nuits à étudier le mouvement des astres, ils y poursuivaient sans doute dans l'influence de ce que nous appellerons les rayons cosmiques, le secret des destinées humaines ; mais qu'ils ajoutaient aux observations antérieures de la Chaldée, de l'Egypte ou de la Grèce, des faits nouveaux qui devaient un jour fournir un abondant répertoire dans lequel puiseront les Copernic, et les Kepler » (De Launay).

Dans son ouvrage *Au Pays de l'Occultisme*, le R. P. Roure traite de la philosophie cosmique, amalgame de données diverses devant nous éclairer sur la formation de l'homme et son devenir. Bien que la grande pensée de beaucoup d'adeptes ait été de faire de l'astrologie l'explication et le tremplin même de leurs idées, ce qui a surchargé le vocabulaire astrologique de termes épineux, il ne faut pas confondre astrologie et occultisme.

Du moins lorsque, comme ici, nous n'envisageons que l'astrologie judiciaire, celle qui « juge » par des données traditionnelles des relations entre les astres et entre ceux-ci et la position de l'écliptique au moment de la naissance d'un homme, de ses tendances physiques, intellectuelles, morales et par extension du développement de sa personnalité dans le temps.

Nous laissons de côté les astrologies onomantique, chaldéenne, ou kabbaliste, qui nous paraissent malgré les recoupements intéressants qu'elles peuvent donner des enfants terribles de l'astrologie judiciaire.

Nous allons voir quelques appuis officieux ou officiels, à l'astrologie, et ce qui en radiesthésie paraît lier en quelque sorte ces deux branches « divinatoires ».

2. Appuis à l'astrologie

Sans redonner les textes de saint Thomas cités par Martine de Bertereau, nous en rencontrons ailleurs.

Déjà physiquement, « il faut admettre que le système nerveux central reçoit du monde cosmique, en dehors des rayons lumineux, les excitations les plus variées, tantôt fortes et tantôt faibles. Nous sommes dans la position d'une plaque photographique qui devrait enregistrer de façon égale des intensités lumineuses très différentes » (Dr Carrel).

Le même auteur, qui ne nous parle pas une seule fois d'astrologie, n'hésite pourtant pas à écrire :

« Les éléments des tissus paraissent agir dans l'intérêt de l'ensemble, comme les abeilles qui travaillent pour leur communauté. Ils connaissent l'avenir aussi bien que le présent. Et ils s'accommodent aux situations futures par des changements anticipés de leur forme et de leur fonction.

» Chacun de nous a conscience d'être unique... Les hommes d'affaires n'utilisent pas les qualités personnelles de leurs employés. Ils reconnaissent le fait que les gens sont tous différents les uns des autres. Nous restons généralement dans l'ignorance de nos aptitudes propres. Cependant n'importe qui ne peut pas faire n'importe quoi... La connaissance des qualités immanentes de l'enfant et de ses virtualités s'impose comme la première préoccupation des parents et des éducateurs.

» L'eugénisme ne réussit à produire des types supérieurs que dans certaines conditions du développement et de l'éducation. Il n'est pas capable à lui seul d'améliorer beaucoup les individus.

Il est certain que les tendances héréditaires sont profondément influencées par les circonstances de la formation de l'individu. Mais il est vrai aussi que chacun se développe suivant ses propres règles, d'après la qualité spécifique de ses tissus. L'avenir de certains individus est déterminé de manière fatale. Celui des autres dépend plus ou moins des conditions du développement.

» La vitalité, l'imagination, l'esprit d'aventure ne viennent pas entièrement du milieu. Il est probable aussi qu'ils sont irrépressibles par lui. A la vérité, les circonstances du développement n'agissent que dans les limites des prédispositions héréditaires. »

Nous n'insisterons pas davantage. Relisez ces lignes lentement et voyez si elles ne sont pas un plaidoyer formel en faveur de l'astrologie si tant est que celle-ci réponde à ses buts.

L'être poussant son premier cri est à ce moment marqué pour la vie. Nous entendons bien qu'on va opposer le libre arbitre à ces données. Certes il n'y a probablement pas de saints ni de criminels au berceau. Le dégagement de leurs potentialités n'est-il pas de nature à aider les hommes et dans l'organisation d'une société idéale ne verrions-nous pas fusionner les données de l'astrologie saine avec les contrôles de la radiesthésie aussi scientifiquement guidée que possible ?

Et nous ne nous étonnons pas de voir maintenant des médecins étudier les rythmes et même l'astrologie médicale (Drs Bretéché, Duprat, etc.).

Un thème de naissance exact *peut* servir de support comme « témoin permanent » représentant un sujet donné, à une orientation mentale bien faite.

3. Lois de Wronski

Dans les apports faits à l'astrologie judiciaire, l'un des plus curieux a été l'adaptation des théories de Wronski. Nous n'avons pas lu l'œuvre formidable de cet auteur qui a dû éclairer bien des choses s'il a erré en d'autres points. Mais, au lieu d'examiner la carte du ciel selon le mode traditionnel, maisons, ascendant, Milieu du Ciel, position des planètes dans les maisons, aspects, on a eu l'idée de ne plus tenir compte des maisons, mais seulement des positions des planètes, en examinant les réactions de ces corps célestes les uns sur les autres par leur place, leur proximité, et leur succession suivant que le départ du cercle se fait à l'ascendant au M.C. au fond du ciel, ou en pointe de la maison VII.

Ce qui est curieux ici, c'est le sens strict dynamogène ou inhibitoire utilisé en examinant la carte du ciel vers la droite ou vers la gauche ; *avec la montre* ou *contre la montre.*

Et peut-être serait-il désirable de voir les radiesthésistes étudier ces mots et ces sens de rotation de leur pendule. Pour nous, nous acceptons volontiers les égalités suivantes :

Pendule contre la montre : sens *inhibitoire* (c'est celui récepteur en général, servant à la détection en de

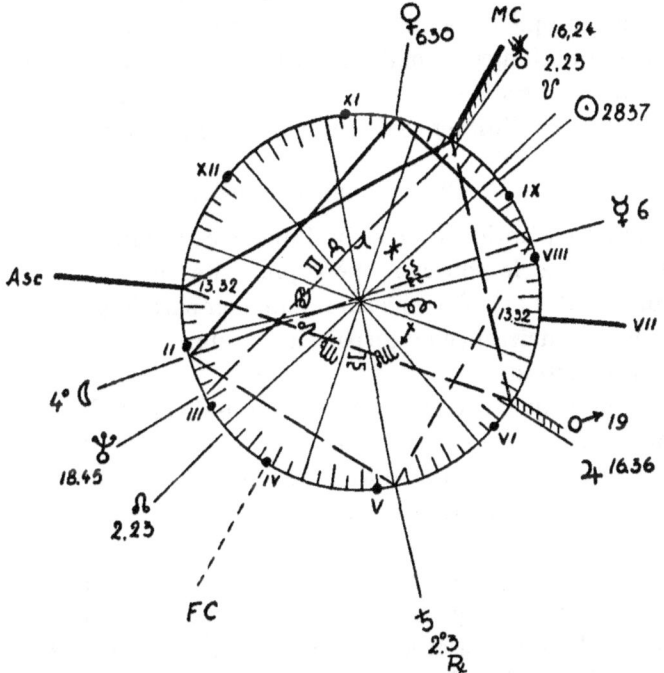

Fig. 31. — Enfant malade.
Actuellement abandonné des médecins. Muet, mais non sourd. Sang chargé d'hérédité. Concordance astro-radiesthésiste.

multiples cas, nous ne trouvons le sens opposé (cf. *Manuel de Radiesthésie*) que dans le cas de magnétisme particulier terrestre dans certaines ondes nocives et surtout dans les ondes de maladies *projetées*, dangereuses pour qui reste dans le secteur qu'elles couvrent.

Pendule avec la montre : *sens dynamogène*.

Il va de soi que si actuellement nous n'avons fait que contrôler ce sens plutôt en mal, nous croyons très possible de le voir agir en bien dans un sens générateur d'énergie de vie et non plus dans l'énergie morbide. C'est ainsi que le juge l'astrologie. Une partie d'une étude complète de Mme Herboulet sur le thème d'un inconnu selon cette méthode a paru dans un numéro du *Grand Nostradamus*. Il s'agissait de Mussolini et l'on peut y voir l'influence de ces cercles de façon typique [1].

4. Recherches de disparus

Ici, coopération utile et pratique avec la radiesthésie. Tandis que le sourcier opère plus vite sur témoin et sur plan, l'astrologue examinera comparativement le thème de naissance du disparu avec celui du moment de sa disparition.

Tandis que sur une lettre d'un industriel disparu, nous le trouvions vivant, et à 950 kilomètres à l'est-nord-est de Paris, l'astrologie répondait : parti en compagnie d'une femme et en Allemagne ou en Tchécoslovaquie.

Tandis que, plus récemment, encore, nous recherchions en vain une bague perdue ou volée en un cabinet où le public a accès, l'astrologie disait pour le jour de la disparition du bijou : perte d'argent, et indiquait comme circonstances de lieu la présence d'une femme « hommasse » auprès de là, chose parfaitement exacte, la plus proche personne ayant subi plusieurs opérations et notamment l'ovariotomie !

---

[1] On trouvera dans notre ouvrage : *Un va-nu-cœur, Léon Bloy*, une collaboration astro-radiesthésique, un document précis d'entraînement. La part de Mme Herboulet y est extrêmement précieuse.

Alors que le sourcier travaille après coup, parfois l'astrologie prédit ou annonce le trouble en termes exacts, témoin l'annonce faite par notre informatrice longtemps à l'avance de la mort du roi Albert, frappé à la tête !

Ici, soyons prudents, car nous amenons en astrologie comme un peu de mental en radiesthésie, c'est-à-dire des procédés empiriques ou simplement traditionnels peu explicables, à savoir les directions, révolutions solaires, etc.

En revanche, l'utilisation des transits paraît importante. Ne faisant pas un cours d'astrologie nous simplifions...

5. Les transits

Etant donné, comme base, la carte du ciel de naissance d'un individu, on peut supposer que « ces prédispositions héréditaires, ces qualités immanentes des tissus et de la conscience, dont nous ne connaissons jamais avec certitude la nature (Dr Carrel) et sur lesquelles conditions chimiques et physiques du milieu sont susceptibles d'agir en actualisant leur potentialité » on peut supposer, dirons-nous, que la réaction du sujet est, dans certaine mesure, conditionnée par les aspects changeants du ciel par rapport à celui de naissance, par la résonance ou la disharmonie des influx cosmiques.

De là, le rôle des transits. Au début de chaque année, on peut tracer en dehors du cercle de naissance un autre cercle sur lequel seront portées avec le sens direct ou rétrograde apparent le mouvement des planètes dans les mois à venir.

Et ne considérant plus les aspects initiaux, on n'envisagera que les nouveaux aspects des planètes avec leur position, l'ascendant et le Milieu du Ciel dans le thème de naissance.

Ces aspects étant favorables ou contraires peuvent en une certaine mesure servir de contrôle ou de guide pour corriger des défauts, prévenir des conditions de voyages, ou de maladies, *favoriser une recherche*. C'est ici surtout que pourra agir le radiesthésiste.

Et c'est peut-être ainsi que des échecs pourraient être envisagés comme ceux de l'affaire Quemeneur où l'astrologie ne paraît pas d'accord avec les recherches radiesthésiques, ou comme dans l'affaire de Chaumont où le meurtre, la mort étaient aussi sûrs qu'en radiesthésie, mais où la date correspondait à un influx de Neptune dont le « caractère » est d'ennuager l'atmosphère... même psychique ce qui correspond au temps perdu en recherches vaines.

6. Causes d'erreurs

Il y a malheureusement des correspondances plus ennuyeuses entre sourcellerie et astrologie. En effet, la méthode trop employée ou mal employée des interrogations pendulaires, des conventions mentales « avec la baguette », qui nous trouve souvent défavorablement impressionné, a son répondant ici, dans l'extension de l'astrologie, à la solution de questions quelconques posées à n'importe quel moment. L'astrologue « juge » alors d'après l'aspect du ciel à l'heure de la question. Encore que toute chose ayant sa place marquée dans le temps et étant voulue ou autorisée par la Providence, on n'oppose pas l'impossibilité absolue du résultat ainsi acquis on reste un peu sceptique (d'autant plus que cette science conjecturale n'a rien à envier dans le domaine de l'incompétence ou du charlatanisme à celle de certains radiesthésistes !)

On verra que les causes d'erreurs, ici, d'après un ancien manuscrit sans nom d'auteur peuvent ajouter à ce malaise qu'on peut tout de même dissiper en disant que le libre arbitre joue dans les directions providentielles puisque tel homme dans le plan divin doit accomplir à tel moment *librement* un acte nécessaire !

Trois sortes d'erreurs, donc :
1° De la part du consultant ;
2° De la part de l'astrologue ;
3° De la part du ciel, soit :

Lorsque le consultant fait semblant de demander quelque chose pour se gausser après de l'astrologue ou pour expérimenter son savoir, et cette interrogation est vraiment libre et volontaire, et pour cette raison comme elle ne prend pas son origine du mouvement du ciel, l'astrologue ne peut rien déceler de ce qu'on lui demande.

La même chose peut arriver lorsque le questionnant ne vient pas avec l'idée de se gausser, mais fait néanmoins la demande pour quelque absent qui lui a demandé de s'enquérir de telle affaire, de sorte qu'il se comporte en cela comme par manière d'acquit, et nonchalamment, n'ayant pas autrement le désir de savoir la chose qu'il demande. Et aussi la chose devient libre et non pas naturelle.

Il faut que l'interrogation soit radicale, c'est-à-dire produite et causée par le mouvement du ciel et proposée avec le violent désir de savoir le vrai succès d'une chose.

La troisième erreur vient de ce que l'interrogation n'est pas bien exprimée (exemple : un consultant veut savoir si sa sœur est chaste, mais demande si telle femme est chaste, ce qui fait errer l'astrologue qui juge par la 7ᵉ maison au lieu de le faire par la 3ᵉ).

La quatrième erreur vient d'une interrogation qui n'est pas simple. Par exemple si quelqu'un faisait cette demande : je connais trois femmes susceptibles d'être épousées par moi. Laquelle épouserai-je ? Il y a trois questions inculquées et conjointes ensemble et le seigneur de la maison VII ne peut évidemment signifier à la fois ces trois femmes différentes.

Les autres erreurs viennent de l'astrologue : d'abord manque de connaissances ou de principes ; la seconde provient de l'amour ou de la haine envers une personne pour laquelle il fait le jugement parce que ses questions font trouver des raisons peu efficaces pour signifier la vérité.

Et enfin, elles viennent du ciel : qui dans toutes choses rend parfois l'homme prompt et propre à faire un jugement astrologique, mais encore à faire plusieurs autres choses, danser, escrimer, parler, etc., et quelquefois il le rend presque stupide pour ce qui concerne l'exercice de telles choses.

« Jupiter rend fous ceux qu'il veut perdre », dit un proverbe trop souvent exact.

Il existe même des indications pour faire savoir à l'astrologue qu'il ne doit pas juger, c'est-à-dire que le ciel n'est pas décidé à répondre à telle question.

Il serait curieux de voir si l'astrologie ici, indiquerait qu'il n'y a pas lieu de répondre à celui qui vous demande de lui indiquer ce que vous trouvez sur un plan, alors qu'il s'agit de la propriété de ses voisins !

7. Les planètes de la radiesthésie

Nous transcrivons, pour le lecteur, une autre partie d'étude que l'avenir ratifiera ou non, mais qui ne manque pas d'à-propos ici (Proserpine est une planète dont on croit voir l'action mais qui n'est pas encore vue par les astronomes) :

« Pluton marque la renaissance de toutes les pratiques de sorcellerie, magie blanche ou noire, malgré tout le matérialisme de notre époque actuelle.

» Mêlant sa vibration à celle de Neptune, nous voyons rénovées les pratiques d'envoûtement, se former certaines sectes ressuscitant les cérémonies du sabbat, tandis que d'autres groupes se constituent en cultes rappelant les cultes païens.

» Avec Pluton, les sacrifices odieux, mais rituels renaissent et le psychisme de ceux qui les exécutent agit avec une telle intensité dans l'atmosphère ambiante que ces sacrifices se multiplient sans raison, comme une sorte de folie collective.

» En médecine, une thérapeutique complexe se généralise par l'application des hormones pour rétablir le système endocrinien ; cette rénovation de la vie végétative, due à des innovations qui ont pour but de prolonger la vie des êtres en leur donnant un regain de vitalité, s'apparente, qu'on le veuille ou non, aux pratiques magiques de l'antiquité.

» Le mélange vibratoire de Pluton et d'Uranus incline certains esprits vers les expériences de laboratoire, depuis la fabrication de l'or jusqu'aux dilutions les plus ultimes recherchées en homéopathie. L'alchimie reprend ses droits.

» Ce sont également les études passionnantes sur la vibration : la découverte du « rayon qui tue », mais aussi celle des rayons qui guérissent et dont nous ne connaissons qu'une très faible partie.

» C'est aussi, depuis 1930, l'engouement des contemporains pour la science astrologique.

» Ces trois planètes ont une influence importante en radiesthésie, chacune diffère dans ses rôle et action.

» L'action d'Uranus sur le mental développe l'attention du radiesthésiste et permet sa discrimination. Plus il devient analytique, plus il s'influence de la vibration positive de cette planète et mieux il contrôle son degré de sensibilité psychique. Il acquiert ainsi une incontestable maîtrise.

» Si, parallèlement à son travail de radiesthésie, il s'applique à développer son rayonnement magnétique, il peut, tout en restant sous le contrôle du mental, répondre instantanément à l'influence des ondes courtes, alors que l'action fluidique de la lune développe, chez la majorité des sourciers, la faculté de percevoir les ondes longues beaucoup moins actives, en analogie avec l'élément Eau.

» Les radiesthésistes très positifs, témoignant en toute occasion d'un sens critique aigu, s'influencent plus particulièrement d'Uranus.

» D'autres radiesthésistes s'influencent plus spécialement de Neptune. Ce sont des sujets passifs appartenant à la catégorie des médiums. Ils sont facilement reconnaissables.

» Au moment de prospecter, ils font une aspiration profonde, puis l'attitude de leur corps se modifie, les mouvements sont moins souples, le regard est « absent » fixe. Une extériorisation de la sensibilité s'effectue à leur insu, ils font de l'autosuggestion ou, ce qui est plus grave, acceptent les suggestions mentales les plus fantaisistes de ceux qui les regardent agir en souhaitant pour se moquer, leur voir commettre des erreurs. Résultat : abolition de la volonté et perturbation de la sensibilité.

» Ce sont, par contre, de remarquables sujets pour

déceler les sources, les gisements pétrolifères, les infiltrations d'eaux polluées et tous éléments nocifs dus à des pratiques de magie noire, mais ceci, au détriment de leur santé la plupart du temps. Aussi, jusqu'à leur exeat, tout le temps que dureront leurs études, ils devront être dirigés par une personne expérimentée, soucieuse de leur imposer un contrôle rigoureux.

» L'influence de Pluton concilie les extrêmes de ces deux planètes. La perception s'éduque grâce à une série de lois basées sur une expérimentation rationnelle, constante. Toutefois, l'expérience n'est pas la science, et ce n'est qu'avec Proserpine que la radiesthésie deviendra une science officiellement admise et acceptée dans les études secondaires, au même titre que la chimie, la physique, la biologie, etc.

» En attendant, elle continuera à grouper autour d'elle des partisans convaincus, des chercheurs scrupuleux, en même temps qu'elle verra se dresser devant elle des esprits critiques, parmi les plus scientifiques, qui la « jugeront » durement. Leur utilité est incontestable, la critique ayant toujours permis aux gens intelligents de se perfectionner et de se contrôler plus attentivement. »

II. Occultisme

1. Définitions. — 2. La voyance et le spiritisme. — 3. Symbolisme des clous et du fer. — 4. Charmes et phylactères. — 5. Mot-remède. — 6. Esprit des choses. — 7. Catholicisme et occultisme.

1. Définitions

Nous ne voulons parler sous ce vocable générique ni de magnétisme, ni de métapsychisme, mais seulement des doctrines se donnant comme initiatiques, occultisme en général, spiritisme et théosophie, qui en sont sortis, et accessoirement des superstitions se rattachant plus ou moins à une idéologie païenne ou panthéiste ou à la magie noire.

La métapsychie a, pour examiner certaines manifestations de forces mal expliquées et paraissant provoquées à distance et sans contact par des êtres spécialement doués, des procédés scientifiques. Par exemple, le Dr Osty, utilisant les cellules au sélénium ou au cesium, opérant sur un Autrichien médium Rudi Schneider, en état de transe, solidement attaché et maintenu, a pu constater par les photos obtenues sur les plaques sensibles aux infra-rouges la présence d'une substance mouvante, rampante, qui rase la table d'expérience, avançant et reculant au degré du médium et — détail médical important — palpitant suivant le rythme exact de la respiration de Rudi.

L'entrée des instruments de laboratoire dans ce domaine laisse la porte ouverte dès maintenant à une encyclopédie des sciences mystérieuses contenant tous les à-côtés de la science officielle, depuis la baguette jusqu'à l'ectoplasme !

L'occultisme, lui, ne tend rien moins qu'à avoir été la nourrice et la marraine de toutes les religions, le levier secret de toutes les forces intellectuelles, la clé de toutes les obscurités divines (Eliphas LÉVI, *Rituel de la Haute Magie*).

Se réclamant de la genèse d'Enoch, d'Hermès Trismégiste, des poèmes orphiques, de Pythagore et de sa doctrine, des nombres de la Kabbale juive, qui serait « la tradition universelle dont tous les peuples ont conservé plus ou moins le souvenir » (P. Vulliaud) ; se rattachant à la Gnose et aux erreurs d'Origène (qui admettait un enseignement christique spécial réservé à des initiés), l'occultisme prend aussi chez les Esséniens (dont Renan faisait les initiateurs du Christ) puis enfin chez une quantité d'auteurs plus modernes : Raymond Lulle, Flamel, Pic de la Mirandole, Paracelse, Boehme, Balsamo ou comte de Cagliostro (dont le Dr Chavanon dit les nombreuses guérisons en se référant à l'étude du Dr Marc Haven). Swedenborg, puis Stanislas de Guaïta ont suivi. Huysmans, Péladan, ont parlé il y a un demi-siècle des milieux de ces initiés, et Huysmans narre dans *A Rebours* une messe noire où apparaît le dieu opposé au Dieu des chrétiens : Lucifer.

C'est dire que nous sommes en face d'une masse de documents à n'aborder qu'avec précaution. A voir le faire sans règle, aujourd'hui, tant de bons esprits et tant de radiesthésistes nous sommes inquiets et nous voudrions indiquer ici quelques-uns des points de contact existants entre l'occultisme qui *contient certaine-*

ment des vérités ou des découvertes arrachées à l'arbre de la science, mais dont la soumission ou la composition avec des « forces » cachées ouvre des sentiers dangereux, et la radiesthésie.

2. La voyance et le spiritisme

Les faits de vision à distance, d'avertissements, de télépathie, ne sont point rares et se présentent parfois curieusement par le truchement d'instruments inattendus, deux casseroles se heurtant dans un buffet quand tout est calme, par exemple...

Des personnages qui ne sont aucunement préparés à des exercices de concentration mentale ont de tels dons. Les saints en donnent des centaines d'exemples, et parmi ceux-ci l'un pourrait être le patron des guérisseurs modernes, nous voulons parler du bienheureux Martin de Porrès, bâtard et sang mêlé, dont Stanislas Fumet a raconté l'histoire (1 volume chez Desclée-De Brouwer, Paris).

L'Eglise catholique, par les Livres saints, interdit au chrétien la nécromancie et le « commerce avec les morts », ceci étant entendu de la façon dont l'utilisent certain spiritisme et certaines voyantes. L'une d'elles, questionnée sur ce qu'elle prévoyait et comment elle le disait, nous racontait qu'on lui commandait de le dire, que son esprit familier (désincarné) la gourmandait si elle ne le disait pas en termes *extrêmement grossiers*. Illusion ou réalité, ce détail est plus que choquant.

Mais l'Eglise a le dogme admirable de la Communion des Saints, qui unit par la prière l'Eglise militante (chrétiens vivants) à l'Eglise souffrante (Purgatoire) et à l'Eglise triomphante (les élus).

L'ensemble des occultismes, comme certain protestantisme, vise à la négation de l'enfer, et à l'arrangement sous des clichés divers du purgatoire remplacé par des états astraux avec des réincarnations et de nouveaux cycles d'existence terrestre de purification.

Condamner, pour le profane, le spiritisme au nom du dogme catholique paraît bizarre, mais nous citerons encore le Dr Carrel : « Les faits de prédiction de l'avenir nous mènent jusqu'au seuil d'un monde inconnu. Ils semblent indiquer l'existence d'un principe psychique capable d'évoluer en dehors des limites de notre corps. Les spécialistes du spiritisme interprètent certains de ces phénomènes comme preuve de la survie de la conscience après la mort. Le médium se croit habité par l'esprit du décédé. Il révèle parfois aux expérimentateurs des détails connus seulement du sujet mort et dont on vérifie plus tard l'exactitude. On pourrait d'après Broad interpréter ces faits comme indiquant la persistance après la mort non pas de l'esprit, mais d'un facteur psychique capable de se greffer temporairement sur l'organisme du médium... Son existence serait transitoire. Peu à peu, il se désagrégerait et finalement disparaîtrait de façon totale. Les résultats des expériences des spirites sont d'une grande importance. Mais l'interprétation qu'ils en donnent est d'une valeur douteuse. Nous savons que l'esprit d'un clairvoyant est capable de saisir également le passé et le futur. Pour lui, il n'y a aucun secret. Il paraît donc impossible de distinguer, pour le moment, la survivance d'un principe psychique d'un phénomène de clairvoyance médiumnique. »

Et très certainement le pendule ne saurait ici trancher cette difficulté en l'absence de tout point d'appui. Les radiesthésistes feront bien de lire le livre de CHRISTOPHE *Mensonge et danger du spiritisme*, expérience personnelle du maître de la radiesthésie mentale, et également *Les nécromanciens* de R. H. Benson (Crès, édit.).

Nous n'avons pas qualité, pour discuter de la valeur de tels ou tels principes d'occultisme pris à part ou de magie plus ou moins noire. Nous ne nierons (pas plus que les théologiens) certains faits patents et dont le mystère n'est pas *éclairci* par l'occultisme, mais seulement *déplacé*. Nous constaterons tout à l'heure ce qui en tant que catholique nous oblige à être extrêmement prudent, sinon tout à fait hostile en tout temps et dès maintenant le fait, inacceptable pour un pratiquant, de ce que l'occultisme puisse écrire (et mettre sur le même pied) : les trois traditions magiques les plus puissantes pour l'aide aux morts c'est : la messe catholique, le livre des morts égyptiens et la lecture du Bardo Thodol (ce dernier livre est d'origine thibétaine assez douteuse et nous ignorons combien d'initiés en ont lu autre chose que le titre).

3. Symbolisme des clous et du fer

Cependant, la radiesthésie se frotte à ces idées troubles qui dans l'âme populaire lient encore le catholicisme aux esprits païens et au symbolisme de certaines choses.

Nous avons vu les clous servir en radiesthésie, comme pointes faisant passage facile au fluide électrique, mais aussi dans les méthodes employées à la destruction des ondes nocives.

La figure 32 représente d'après M. Mellin un des moyens utilisés par lui à cette fin. Or, Pline parle du clou comme d'un remède contre l'épilepsie, il recommande de planter un clou à la place où frappe la tête du malade en tombant. Les clous de cercueil plantés dans un escalier excellent contre les cauchemars. Ailleurs, on recommande de planter un clou dans le mur à la hauteur de la partie du corps où l'on souffre, comme pour immobiliser le mal. Au dire de Pline, encore, un fer détaché du sabot d'un cheval et mis quelque part en réserve est un remède pour le hoquet, il suffit de se rappeler de l'endroit où on l'a mis.

Il semble qu'en certains endroits des clous étaient

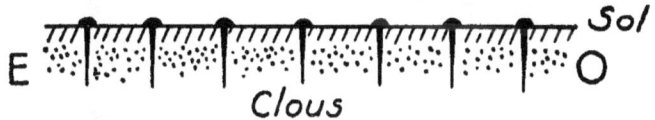

Fig. 32. — Clous et ondes nocives
(d'après M. Mellin).

fichés dans des cercueils ou dans le corps des défunts.

En Egypte, en Chaldée, en Assyrie, des corps pointus étaient enfoncés dans le sol et fichés dans les fondations ou assises des murs. M. Mellin ressuscite en quelque sorte cet antique procédé.

Le curé J.-B. Thiers parle dans son *Traité des superstitions*, de l'usage d'attacher des « testes » de clous aux portes des maisons afin que les gens et les bêtes qui les habitent soient préservés de charme et de maléfice, ou de clouer un clou dans une muraille pour être guéri du mal de dents.

Quoi qu'il en soit, le rite des clous ou des épingles continue en Bretagne (à Saint-Guirec, par exemple, le pauvre saint n'a plus de nez à force d'aiguilles enfoncées par les jeunes filles venues lui demander de se marier bientôt). Des fétichistes du Loango à la statue d'Hindenburg hérissée de clous d'or et d'argent et à l'usage du clou détaché comme porte-bonheur ou enfoncé dans le corps du saint que l'on prie (ou jeté simplement à ses pieds), il y a un vestige sans doute de cultes païens et simplement ailleurs une manière de prolonger la prière et l'hommage. Ce peut être une offrande, un mémorial, une prière continue.

Nous avons, non sans surprise, rencontré pendant

ces dernières vacances le chapiteau de colonne reproduit ci-dessus et qui laisse sur les croyances populaires du clou et du fer à cheval planer ici une indulgence de l'Eglise.

Le symbolisme des oiseaux, l'appel aux pythonisses encore qu'on en voie quelque exemple dans la Bible, ne paraissent pas en revanche dans la tolérance religieuse. La façon dont paraissent tourmentées les voyantes dans l'antiquité nous les fait paraître comme des créatures extrêmement malheureuses et agitées de mouvements démoniaques.

L'utilisation du *témoin* ayant appartenu au disparu, par exemple, en « voyance » comme en radiesthésie, suppose toutefois à notre avis une réalité de « radiations » non cataloguées et que l'avenir éclaircira.

4. Charmes et phylactères

Autre chose où l'occultisme demande à la radiesthésie son assistance : la valeur des talismans, philtres ou charmes. Et nous avons déjà de nombreuses études sur talismans, amulettes magiques, fétiches de noirs ou fétiches de blancs, Nénettes et Rintintins de toutes espèces. Au port de ces objets s'attache souvent l'idée de gratuité. On a dû le donner au porteur. S'il l'achète, le charme se rompt.

Dans les amulettes, on trouve parfois une origine religieuse, une forme de croix ou un Christ gravé. Pour le profane, médaille de saint ou amulette nègre sont de même valeur. Egalement talisman dressé selon des données occultistes ou phylactères comme en portaient saint Jérôme ou saint Grégoire le Grand (parchemin où étaient inscrits des passages de la Sainte Ecriture).

Le R. P. Roure auquel nous empruntons beaucoup de détails écrit justement : « La superstition commence quand on y cherche un talisman assuré contre tous les maux du corps et de l'âme, quand la foi s'attache non plus à la signification des mots ou à l'esprit de la pratique, mais au port matériel de la formule. »

C'est malheureusement vers cette idée que s'orientent des radiesthésistes connus qui s'attachent aux réactions de symboles magiques ou de grimoires ou d'objets dont la manipulation devient dangereuse parce que non seulement ces mots inconnus, ces caractères étranges (*characteres*, *figurae*, saint Thomas) peuvent relever de la magie et de l'intervention de l'esprit du mal, mais parce que leur forme ou leur origine, masse, métal, etc., couvre parfois un danger inconnu de radiations.

Et c'est plutôt dans des analyses de réactions des ondes émises par ces corps ou ces objets (croix ansée des Egyptiens, symboles à cinq pointes, etc.) que la bonne radiesthésie devra travailler. De cette façon elle aidera à tirer de l'occulte ce qui est bon mais caché sous des aspects au moins suspects.

5. Mot-remède

Autre danger où se jettent certains opérateurs qui prennent une liste de remèdes pour indiquer le meilleur ou celui à donner à un malade, dont ils auront fait à l'avance le diagnostic sur la liste de ses organes !

Fausse radiesthésie que cette prétendue orientation mentale, absolument impossible dans ces conditions.

C'est en réalité la confusion que nous trouvons souvent en occultisme entre le fait et la cause du fait, ou entre le signe et la réalité. Dans la médecine magique, le nom du remède remplace le remède lui-même. Admettons l'autosuggestion, démontrons l'action à distance du remède sur tel ou tel sujet plus particulièrement sensible, soit, mais ne tombons pas dans le mot-remède. Parce qu'alors on pourra encore simplifier, remplacer par des numéros ou par leur première lettre chaque remède, et on se trouvera sur le même plan que dans le populaire les formules déprécatoires où les mots qui peut-être eurent un sens au début, sont devenus des sons chargés de la vertu du remède qu'ils accompagnaient naguère !

Il n'y aura plus au lieu de jouer à pile ou face, en toute circonstance de la vie, qu'à prendre la radiesthésie dans ce je-m'en-fichisme ambiant, et à demander au pendule de décider en place du jugement de l'individu. Pour ceux qui estiment que le pendule ne se trompe jamais, qu'ils veuillent bien se souvenir que l'interprétation faite par eux de ses mouvements est peut-être erronée !

6. Esprit des choses

L'occultisme ayant peuplé les airs et les espaces de larves, d'élémentals, d'entités de toutes espèces, dont il faut devenir l'ami pour les utiliser à son gré, sinon l'esclave dans l'autre cas, utilise ces êtres (?) pour expliquer par exemple les tables tournantes : « Tout a un esprit. C'est pourquoi l'esprit de cette table est obligé de dire à l'homme qui a accès dans le plan mental, s'il le lui demande, le nom de l'ouvrier qui l'a façonnée ou de la forêt d'où provient son bois. »

On conçoit là qu'un occultiste ait pu nous écrire que la lecture de certains procédés radiesthésiques (Padey) lui avait rappelé ces croyances.

Le rôle de la Providence, celui de l'ange gardien, est remplacé par des génies habitant toute chose, « toute chose étant le corps physique d'un génie ». « Si l'on étend à tout ce qui nous entoure l'analyse qui vient d'être faite à propos d'une maison on ne trouvera pas exagéré le chiffre de trente-trois millions de dieux qui peuplent le panthéon brahmanique ! » Ainsi parle Sédir, qui se dit dégagé de l'occultisme et qui a créé le groupe des Amitiés Spirituelles. En réalité, lorsque l'on parle de l'Ami de Dieu que demande d'être Sédir, et que l'on examine ce mot dans, par exemple, *Barabane*, du colonel Prévost, œuvre de chrétien, « Ami de Dieu » terme formidable, et unique, on trouve que ces doctrines occultisantes matérialisent toutes les notions. En un certain sens, nous concevons qu'elles peuvent ainsi plus facilement faire passer un cerveau scientifique à la préhension de choses hors science, mais sous des apparences qui ne sont pas la réalité.

Toutes les doctrines occultistes veulent commander aux forces de la nature, les conduire, les brider, les contraindre à la réalisation des désirs humains, les théories sont différentes, l'idée domine. Alors, la maladie sera détruite autrement que par les remèdes habituels. Toutes les explications de cette théurgie n'arrivent pas à équilibrer la simple valeur de la prière, qui est aux lèvres du chrétien une toute-puissance qui ne cède en rien aux forces, entités et méthodes de l'occultisme.

Nous souhaitons que la radiesthésie se garde et évite les embûches de terrains mouvants.

7. Catholicisme et occultisme

Encore une fois, nous ne nions pas les faits étranges non expliqués, voire les maisons hantées, les lévitations d'objets, tout ce qui, supra-normal, reste épisodique dans le temps ; ni que des résultats parfois excellents soient atteints sur la santé par des méthodes occultes ; ni que la physiognomonie ou d'autres méthodes se réclamant de l'occulte et qui sont d'observation, puissent servir puissamment un individu, chef d'entreprise ou autre ; ni que l'empirisme à la base de tant de trouvailles médicales notamment n'ait des raisons de rechercher dans le fouillis de ces doctrines la perle cachée ou bien l'usage constant de certains produits par les sorciers noirs puisque ces produits vont être essayés et montrer que leur empirisme n'existait pas, qu'ils étaient l'expression d'une vieille accoutumance ou d'une vieille observation (le crapaud chez les nègres a été repris par l'homéopathie ; le venin d'abeilles a été utilisé, après les vieilles femmes indiennes, dans les rhumatismes, etc.) ; ni que cette médecine elle-même, homéopathie par exemple, puisse juger qu'elle a en quelque façon accompli par ses dilutions et dynamisation le grand œuvre des alchimistes, ainsi que l'a voulu démontrer le Dr ALLENDY (*Le Grand Œuvre des Alchimistes et les principes de l'Homéopathie*, Chacornac, édit.); ni enfin que l'étude traditionnelle des religions autres que le christianisme ne soit de toute utilité (ce n'est plus de l'occultisme) ; ni que des esprits supérieurs aient été ou soient occultistes ou francs-maçons (beaucoup de hauts grades ayant été réservés à des occultistes connus) mais ici l'argument humain ne tient pas, la position de René Guénon, par exemple, n'est pas celle de Papus ! Non, mais nous devons dire aux radiesthésistes catholiques d'être prudents. Et dussions-nous être taxé de mauvais esprit ou d'obscurantisme, nous estimons que c'est une charité de crier au loup s'il entre dans la bergerie.

Et il y a des affirmations de l'occultisme qui n'y doivent pas entrer. Ce sont celles ci-après, par exemple, de Gérard Encausse, plus connu sous le nom de Papus, et que l'occultisme n'a pas renié lorsqu'il a écrit, faisant pièce à Renan et aux gardes « qui dormaient » mais juraient en même temps avoir vu les apôtres enlever le corps du Christ, des textes de cette allure :

« Voilà Jésus chez les Esséniens. Savez-vous ce qu'il fait de 12 à 30 ans ? Eh bien ! il est venu en Europe. Une preuve : la rencontre à Rome des deux J. C., son nom d'homme et son futur nom messianique. Ces deux lettres sont celles des noms de Jules César et du Crucifié...

» La résurrection de Jésus a tellement dérouté l'imagination que les critiques en sont devenus à se demander si Jésus était bien décédé sur la croix. Le Christ est mort. Vous connaissez l'histoire. On le descend de la Croix. Mais au fait, était-il bien mort ? On s'est demandé si le coup de lance du soldat avait bien perforé le cœur. Je vous dirai *d'après les clichés astraux* que le coup de lance a perforé la rate, le diaphragme et le péricarde. Quant au flot de sang et d'eau il provint du péricarde, des vaisseaux du diaphragme et de la rate. » Papus veut bien ajouter que cette blessure explique *médicalement* la mort de Jésus.

Le même informateur, sans doute, lui a appris une autre chose que vous ne vous étiez sans doute pas demandée et au sujet de laquelle Papus a été très surpris du profond silence d'Israël : c'est de savoir qui *a payé* la mission de Jésus ; « car on a beau préférer la pauvreté à la richesse et coucher à la belle étoile, on a beau porter des habits rapiécés et ne se contenter que de très peu de nourriture pour vivre, il faut pourtant bien posséder quelque argent pour subvenir à ses besoins, surtout quand on ne travaille pas et qu'on veut exercer un apostolat quelconque. »

« Eh bien, on a pu le savoir de l'*autre côté*. C'est la famille de Lazare qui s'est chargée de fournir à Jésus tout ce qui était nécessaire et vous verrez, plus tard, que c'est encore un parent de Lazare qui donne la concession du tombeau qu'il possédait. »

Je m'arrête en songeant à un Léon Bloy lisant ces lignes. Et j'imagine trop bien sa réaction pour oser la transcrire ici [1].

---

[1] Cependant qu'on ne croie pas que toute l'œuvre formidable de Papus soit sur ce ton ! Il y a certainement à y prendre, mais avec discrétion. Papus a aidé à la rénovation de certaines études traditionnelles, et a été l'un des créateurs du mouvement occultiste... Les paradoxes de Strindberg cités par lui sont extrêmement intéressants...

> « L'homme est un ignorant épris de certitude. »
>
> L. DE LAUNAY.

III. Science contre radiesthésie

1. Le fait radiesthésique. — 2. L'erreur radiesthésique. — 3. Art ou science ? — 4. Les attaques scientifiques. — 5. Radiesthésie médicale. — 6. Une négation.

1. LE FAIT RADIESTHÉSIQUE

M. Paul Heuzé, dans plusieurs articles de *L'Opinion*, écrit, à propos du « fluide humain » : « Il n'y a pas, il n'y a jamais eu de fluide ! » Puis, plus loin : « Non, il n'y a pas de fait de radiesthésie ! »

On sait notre répugnance à donner des résultats personnels, mais, l'abbé Mermet étant en cause dans l'article de Paul Heuzé (*L'Opinion*, 1er mars 1936), nous citerons une prospection faite, à Clermont-sur-Oise, dans la propriété Fitz James. Le propriétaire avait demandé à l'abbé Mermet de retrouver une source thermale ou à propriétés spéciales dont l'existence paraissait découler des archives anciennes de la propriété et de la région.

A 22 m. 50, une source légèrement radio-active fut mise à jour, au point indiqué. Le débit étant insuffisant ainsi que la radio-activité, une nouvelle prospection fut faite, par l'abbé Mermet et nous. Sur plusieurs centaines d'hectares, notre travail se fit seulement dans quelques mètres carrés et nous indiquâmes l'un après l'autre à 84 m. un filon d'eau montant en vrille d'un autre courant plus important, avec un débit d'un peu moins de 100 litres/minute. Nos méthodes différant, nos renseignements s'écartaient de 1 mètre sur la profondeur. Et le forage devait être fait à 5 ou 6 m. du précédent (celui de 22 m. 50)...

L'eau a jailli à 85 mètres avec un débit moyen de 100 litres/minutes.

Est-ce un fait radiesthésique ?

A vrai dire, la position de M. Heuzé semble voulue pour pouvoir amener une critique d'un autre ordre à savoir « qu'un prêtre doit avoir autre chose à faire que de la radiesthésie, notamment s'occuper de son sacerdoce, ensuite de son sacerdoce, et toujours de son sacerdoce » ! Ceci est un argument d'ordre spécial que d'autres personnes, voire certains de nos amis comme Hubert Colleye, ont formulé. Nous n'avons pas l'intention d'ouvrir ici ce débat, même étant, comme Paul Heuzé, « catholique convaincu, pratiquant et militant ».

Nous citons seulement l'objection, qui amène l'auteur de l'article à rapprocher science et foi : « Alors que la foi dit *Je crois*, la science dit *Je sais* », et à ajouter : « Le problème de la radiesthésie se pose uniquement devant les savants, et non devant les membres du clergé. Exactement comme celui des tables tournantes, comme celui de l'ectoplasme, comme celui de tous les phénomènes métapsychiques — qui sera *une science*, ou qui ne sera pas. »

A l'opposé de M. Heuzé, voici un des rédacteurs des *Etudes traditionnelles* dans un article peu favorable à la radiesthésie également, écrivant : « Des résultats sont certains, notamment dans la recherche des eaux et des métaux. Et d'ailleurs comment pourrait-on expliquer la persistance, à travers les siècles, sur toute la surface du globe, de telles pratiques, si elles n'avaient rencontré que l'insuccès ?... et selon Maxwell, le Dr Gustave Le Bon lui-même aurait été convaincu. »

2. L'erreur radiesthésique

M. Léon Moret, professeur de géologie à la Faculté des sciences de Grenoble « s'en tenant surtout aux recherches d'eau, après un travail critique aussi impartial que possible » ne nie pas le fait mais dit que « tant en ce qui concerne la présence, la profondeur des nappes ou des courants souterrains, que leur débit, les prévisions des sourciers *sont presque toujours démenties par les faits et ne peuvent être d'aucune utilité pratique.*

Répondons ici par une erreur de sourcier. Nous aurions préféré qu'elle fût à notre actif, mais elle n'en est pas moins intéressante.

Un forage avait été entrepris à R... sur les indications d'un prêtre et ce forage, commencé pour 70 mètres, puis 120, puis plus, le sourcier ressentant toujours la masse d'eau, a dû être conduit à 500 mètres, chiffre maximum fixé par la ville pour en tirer un nombre assez important, quoique insuffisant, de mètres cubes par pompage.

Fort appui à l'avis de M. Moret. Cependant, passant par hasard près du forage, nous n'y ressentions l'eau que vers 700 mètres, tandis que près de là, à 250 mètres, passait un important courant et que, à l'opposé, une forte masse d'eau encore à 200 ou 300 mètres de là, nous procurait une sensation physique intense. Nous en causions au directeur de la Compagnie des eaux, qui nous déclara : « Nous irons à 500 mètres et arrêterons », à quoi nous maintînmes notre avis en supposant qu'un débit pourrait être tiré par pompage non d'une masse fixée à cette profondeur, mais de celle au voisinage, sinon du courant que nous détections à 165 mètres, au-dessus de l'argile bleue.

Notre interlocuteur nous fit alors connaître que M. l'abbé X... avait indiqué le courant en question comme nous-même mais s'était trompé sur le point de forage.

Cependant, nous dit le Directeur, notre société a travaillé sur les indications du même radiesthésiste dix-neuf fois, en comptant celle-ci, parfois contre l'avis de géologues. *Nous avons eu dix-huit succès !*

Pense-t-on que géologiquement, et aux mêmes frais, on aurait obtenu ces résultats ?

3. Art ou science ?

La question a été mille fois posée. Mais ne pourrait-on la faire pour la médecine, par exemple ? Car, il y a parenté certaine entre celle-ci et la radiesthésie dans l'origine des méthodes. La médecine est une science comme formation du docteur, mais celui-ci muni de ses parchemins ne saurait seulement soigner d'après des formules calibrées sur des malades de série. Il introduira l'art dans sa vie, par ses propres dons et par ses améliorations constantes en diagnostic, thérapeutique ou autre.

On envisage, en général, qu'une science naturelle n'existe officiellement que lorsqu'elle a pris forme mathématique. Cependant, « si génial que soit l'algébriste, il ne restitue que ce qu'on lui donne ». En se refusant à des « expériences » de recherche proposées par des milieux savants, les associations de radiesthésie, y compris la radiesthésie scientifique, ont montré que l'art du sourcier ne pouvait encore sur aucun plan recourir aux moyens « d'expérimentation, d'observation renouvelée, de répétition voulue, de contre-épreuve, qui sont essentiellement le propre des sciences positives ».

Il faut sans doute le regretter. Mais puisque le facteur humain est si important dans nos recherches ou sensations, il faut se résigner à ce que jamais un physicien n'admettra certaines de nos recherches qu'il n'a pu observer lui-même. Et il ne les tiendra pour acquises que s'il peut lui-même les renouveler à volonté, dans des conditions similaires d'abord, variées ensuite, et dont la variation prévue par lui devra modifier le résultat de façon également prévue.

Cela est impossible dans l'histoire, très probablement aussi en médecine, où l'on ne peut renouveler la même expérience dans le temps sur un même sujet placé dans les mêmes conditions. Il faut se contenter d'à peu près et d'intuition.

C'est à la disparition de cet à peu près et de cette intuition en sourcellerie que doivent se consacrer les membres de l'Association de radiesthésie scientifique, et nous souhaitons voir quelqu'un d'entre eux établir le bilan de cette activité dès maintenant comme nous avons tenté de le faire dans le « mental »...

4. LES ATTAQUES SCIENTIFIQUES

Le paragraphe précédent explique la floraison d'articles et d'opuscules destinés à torpiller la baguette et le pendule. Il y a des attaques générales, d'autres personnelles. Regrettons ici que des « scientifiques » convaincus et eux-mêmes radiesthésistes aient cru devoir ainsi jeter dans le débat des arguments de personnes qui sont appelés à causer le plus grand tort même à leurs auteurs. Nous serions d'accord si elles restaient dans un domaine de radiesthésie scientifique, mais nous venons justement d'exposer ici qu'il y a autre chose que les éléments de sourcellerie physique.

En géologie, eau, domaine physique, les géologues ou fonctionnaires officiels appelés à s'occuper de ces questions ont évidemment surtout noté les échecs de ceux qu'ils considèrent comme des adversaires.

« J'ai eu l'occasion, écrit le commandant Gorceix, d'entendre un de nos célèbres professeurs de Faculté avouer qu'un des as de la sourcellerie, assez sûr de lui d'ailleurs pour ne demander de rétribution qu'après vérification complète de ses dires *devait* être très fort en géologie et que s'il était appelé dans une commune où il avait été précédé par l'*empirique*, il commençait par se faire indiquer le point choisi par lui comme étant le meilleur, et qu'en général, il n'avait qu'à constater l'exactitude du fait. »

Bien que ce soit une demi-défilade pour classer le baguettissant comme géologue de seconde zone et ne pas accepter la réaction caractéristique de nos détecteurs, acceptons cette formule pour le moment et continuons à la laisser se développer, sans échecs.

Dans la publication qu'il a faite du *Principe du pendule explorateur* de Chevreul (Georges, 12, cours Pasteur, Bordeaux), M. Guinchant, de la Faculté de Bordeaux, écrit :

« L'observateur qui dénonce le phénomène doit ignorer absolument si le phénomène se produit ou non.

» Tant que cette règle ne sera pas suivie, il n'y aura pas de science, il n'y aura qu'un amoncellement de faits psychologiques variables avec le sujet. »

Ces idées confirment notre exposé de Art ou Science,

et le président de la Radiesthésie scientifique devra veiller à utiliser ou faire utiliser des procédés, des contrôles et des techniques pour arriver à ces résultats ; tandis qu'une technique mentale aussi constante que possible devra être élaborée, elle l'est en réalité ou près de l'être, chez Mermet, Christophe, Antoine, Treyve et quelques autres, pour que de l'entassement des faits se dégagent des courants réguliers, donc des conclusions.

Le même M. Guinchant s'adresse à l'abbé Mermet en une discussion de son livre et de ses procédés et baptise la radiesthésie du nom de crémastomancie (de *cremaston*, objet suspendu et de *manteia*, divination). Il oppose, aux indications de l'abbé Mermet les conceptions scientifiques sur les radiations des corps, l'attraction des masses contre celle de la nature des corps que nous avons citée nous-même après Mermet (corps attirant le pendule).

A ce sujet, citons une partie d'un article du Dr Chavanon sur le réglage du pendule à un poids « optimum maximum » par l'opérateur qui va s'en servir.

« Il est assez curieux de constater que lorsque le pendule est bien réglé à ce poids, il paraît beaucoup plus léger que s'il pesait 30 ou 40 grammes de moins... J'ai sidéré ainsi bien des radiesthésistes. Exemple : tout dernièrement encore l'un d'eux me soutenait qu'un pendule réglé au poids optimum de 172 grammes était plus léger qu'un autre exactement semblable réglé à 130 grammes, et dont je ne lui avais pas dit les poids. Lorsqu'il les sut, il prétendit que celui de 172 grammes était truqué et creux, et il fallut les lui peser tous deux sur un trébuchet pour le convaincre. Ce qui prouve bien qu'ici comme ailleurs les sensations humaines ne sont que relatives. »

Donc, si l'opérateur ici n'était pas convaincu, il est évident que M. Guinchant ne saurait l'être...

Le Dr Pascal et le Dr Rendu ont également nié les « ondes des radiesthésistes » et annoncé enfin la vérité sur la radiesthésie. Ce dernier a du reste insisté à côté du terrain scientifique sur le terrain moral, pour augurer de dangers de la radiesthésie. Nous souscrivons à certaines appréhensions, et renouvelons les indications de ce livre aux opérateurs débutants.

5. Radiesthésie médicale

Nous devons toutefois relever pour le lecteur une des récentes enquêtes, organisée par la *Vie Médicale* des 25 janvier et 10 février 1936.

Il y eut des réponses des Drs Georges Ackermann, Aveline, Andrée Besson, Paul Chavanon, Delchaux, Foveau de Courmelles, Gaudichard, Gaussel, Leprince, Maynier, Moineau, Osty, Pech, Rambeau, Regnault, Rendu, Rochu-Mery, Rousseaux van Parys, Roux de Laroque, Camille Savoire, professeur Strohl, soit 21 réponses, suivies de conclusions par le Dr P.-E. Morhardt.

Sur ces vingt et un docteurs, quatorze étaient favorables et sept défavorables. Parmi ces sept, des professeurs de faculté, dont plusieurs n'ayant pas expérimenté la radiesthésie. Croyez-vous que la conclusion ait été dans l'esprit de ce referendum ?

Voici ce qu'écrit le Dr Morhardt : « ... De même il nous aurait fallu un de ces brillants exposés où Lévy-Bruhl montre de façon si parfaite qu'en Tasmanie les femmes attribuent leur grossesse au fait de s'être assises dans l'herbe mouillée, l'indigène étant, tout comme nos radiesthésistes, « imperméable à l'expérience ». Nous aurions pu ainsi apprécier à sa valeur le « progrès » que ce mouvement radiesthésiste représente pour l'humanité souffrante, en nous faisant revenir aux temps où la mortalité infantile atteignait ou dépassait 80 %... »

Naturellement, *La Vie Médicale* manque de place pour imprimer les commentaires qu'appelle ce singulier jugement.

Et le Dr Paul Chavanon offre dans le *Bulletin de l'A.A.R.* des documents photographiques qui valent bien l'histoire salée ci-dessus.

Il semble regrettable, en effet, ainsi que le fait remarque le Dr Chavanon que des gens comme le professeur Ackermann, ou le Dr Maurice Reja, ailleurs, osent traiter de joueurs de yoyo des confrères expérimentant sérieusement et de leur mieux.

Sans opposer à la science officielle des histoires trop connues sur sa prétendue infaillibilité (à ce sujet, comme à celui de l'infaillibilité bourgeoise, signalons au lecteur les deux admirables volumes de l'*Exégèse des lieux communs*, de Léon BLOY, *Mercure de France*, éditeur, hygiène amusante de la pensée), disons simplement qu'il n'y a pas que les matières enseignées officiellement qui soient « science » et qu'il ne faut pas abîmer les expérimentateurs consciencieux sous les fantaisistes trop nombreux.

6. Une négation

Signalons non plus celle du fait lui-même de Heuzé, mais celle de l'origine prêtée au fait, la négation de toute radiation hors la radio-activité, et que certains opposent au fait radiesthésique.

MM. Augel et Roffo ont étudié le phénomène de photo-activité que développe la cholestérine irradiée avec les rayons ultra-violets solaires ou de la lampe à vapeur de mercure. Ils ont pu obtenir le dégagement d'une émanation influençant à distance une plaque photographique.

Cependant, il fallait élucider si, outre cette émanation, la cholestérine ainsi irradiée émettait aussi une radiation. Les auteurs ont mis en évidence ce phéno-

Quelques appareils de l'auteur.

mène *d'une grande importance,* du moment que ce fait signale qu'une substance chimique organique peut *absorber des radiations* et *en émettre d'autres,* d'une longueur d'onde proche (*Homéopathie Moderne,* 15 juillet 1936).

N'y aurait-il pas là une nouvelle explication de la radiesthésie, des rayons solaires et fondamentaux, et du fait que le professeur Bosset, par exemple, classe en tête le rayon solaire ?

Soumettons la question à nos lecteurs...

IV. Loin du dernier mot

1. Opposition de termes. — 2. Retour sur notre texte. — 3. Radiesthésie et Foi. — 4. Encouragements.

1. Opposition de termes

Dans un remarquable article du *Voile d'Isis*, René Guénon nous permet de prendre sur le fait les difficultés que créent des termes cependant semblables « *science* profane » et « *science* traditionnelle ».

Par exemple, l'astronomie ne représente que la partie matérielle de l'ancienne astrologie, isolée de tout ce qui constituait « l'esprit » de cette science et qui est irrémédiablement perdu pour les modernes.

Ainsi, devant l'attitude des modernes, on ne peut pas ne pas voir apparaître la négation de l'élément suprahumain, négation qui n'est probablement, somme toute, qu'une conséquence directe de l'expérience profane ; et si on récuse le fait radiesthésique, cela n'empêche pas de présenter ailleurs comme des « faits » des hypothèses pures.

La « science » traditionnelle pourrait donc se passer des prestiges trompeurs des applications pratiques de la science moderne.

Notons, pour être exact, que, ailleurs, la même plume croit voir dans le chaos actuel de la radiesthésie une des bribes de la tradition qui remonterait en une écume au sommet de la marmite bouillonnante des sorciers modernes, réduits aux plus basses et aux plus viles applications pratiques issues de la tradition.

2. Retour sur notre texte

Si nous revenons en arrière, nous retrouverons dans nos chapitres, les mêmes oppositions.

Pour les Chinois, notre théorie de la connaissance n'est pas la leur. Nous nous basons sur des rapports de sensations, eux sur l'intuition et la contemplation. « Pour eux, dit le Dr Regnault, point de solution de continuité entre notre conscient, notre intuition ou inspiration, notre instinct, notre subconscient et la conscience universelle de Tai-Ki dont nous sommes une manifestation. Des occultistes ont donné une théorie analogue de la connaissance paranormale hors du temps et de l'espace. »

De même, Raoul Montandon, à qui l'on doit reconnaître le titre de chercheur consciencieux, si l'on n'adopte pas ses conclusions, oppose à la science officielle l'explication : « L'intellect du radiesthésiste ayant pris conscience intuitivement de tout un ordre de faits qui échappent normalement aux opérations de l'intelligence discutive, et à l'emprise des sens normaux, cherche à objectiver ses acquis, quelle qu'en soit l'origine profonde — par une manifestation extérieure dont le mode d'expression se traduit, dans le cas particulier par les mouvements de l'objet tenu en mains : moyen artificiel et indirect, sans lequel le contenu du subconscient ne saurait être appréhendé par la conscience claire du sujet. »

Nous nous rendons bien compte que nous donnons des armes à nos ennemis. Puissent les vrais chercheurs vouloir accumuler les notes avant de décider. La décision ne doit pas être « un mouvement du cœur ». Si celui-ci est dangereux en politique, il doit être proscrit là. Nous croyons à la radiesthésie parce que *nous avons vu*. Notre vive joie serait de la voir sortir de la gangue et être utilisée en toute sécurité. Rééditons donc la partie finale de la seconde édition de notre précédent livre.

3. Radiesthésie et foi

Toute la radiesthésie qui ne ramène pas le savoir, le licite et l'illicite aux seules réactions du pendule ou de la baguette, qui ne veut pas expliquer la toute-puissance de la prière, par une mécanique ondulatoire « favorisant le rythme des expirations qui rejettent les ondes nocives du corps », qui ne laisse pas solliciter les phénomènes par une imagination surchauffée pour en tirer des explications paradoxales, y compris le recours à un occultisme de mauvais aloi, toute cette radiesthésie mérite les termes employés dans la *Revue Franciscaine* par frère Le Carou (O.F.M.) :

« Les phénomènes actuels de la radiesthésie sont des faits parfois déconcertants, comme la découverte de maladies sur de simples photographies ; d'autres fois, troublants, comme la découverte d'eau dans une propriété sur présentation d'un simple plan ; mais ce sont des faits dûment contrôlés. Les explications données peuvent laisser dédaigneux un savant, rêveur un philosophe, mais jusqu'à présent la foi, la vraie foi catholique peut laisser les phénomènes se multiplier, les opérateurs étudier les résultats de leurs recherches et s'efforcer de constituer progressivement une science. Rien dans les faits connus jusqu'à présent n'inquiète le théologien, semble-t-il du moins, tant que les expériences heureuses ou malheureuses restent dans le domaine purement expérimental et ne tentent pas d'exploiter, dans un but de lucre ou guidé par une naïve crédulité, la tendance humaine au merveilleux. Ce merveilleux est accepté par le théologien, tant qu'il ne s'arroge pas des pouvoirs qu'il ne saurait avoir ou qu'il n'est pas avéré qu'il a une origine supra-humaine d'origine diabolique.

» Dès lors, chacun est libre de croire à la radiesthésie ou de demeurer réfractaire à tous ses enchantements, d'être enthousiaste devant les résultats obtenus ou dédaigneux, pourvu que la radiesthésie demeure dans les limites d'une science humaine.

» Sera-ce la science de l'avenir ? Il ne nous appartient pas de le dire, ni de prendre position. Les résultats actuels sont étonnants. Le monde savant est alerté. Des théories s'ébauchent. Des congrès s'organisent. Les études se multiplient sur le sujet.

» Souhaitons à la radiesthésie, bien comprise, de découvrir « une onde de bonheur » pour l'humanité : la foi n'y verra qu'une marque de plus de la bonté de Dieu envers l'intelligence humaine et de sa puissance dans la création du monde. »

4. Encouragements

Pour terminer sur un encouragement, donnons la parole à M. Baradat dans une interview prise à Casablanca : « Querelle byzantine. Soyons positifs : la radiesthésie est un fait ; on l'enseigne, on l'apprend. Elle a ses bases ; elle part de principes, en rapport avec la constance des phénomènes qu'elle a observés. C'est une méthode originale de recherches et un moyen particulier de connaissance. Elle a rendu, elle rend et elle rendra d'immenses services, dans tous les domaines. Elle réussit souvent là où d'autres méthodes ont échoué ;

c'est à elle qu'on fait appel et souvent avec succès, quand il s'agit de trouver des points d'eau, dans le sous-sol, de repérer des courants souterrains, d'élargir un puits pour accroître son débit. Elle rend les plus grands services aux agriculteurs, en recherches minières, en expertises d'écritures, en archéologie, en gynécologie, en médecine, en thérapeutique surtout, que sais-je encore ! Domaine immense, inexploré, mais qui a ses limites. Certains néophytes ne l'oublient que trop.

» ... Des échecs ? mais oui, elle en subit ; il en sera ainsi tant que le jugement du sourcier ne sera pas remplacé par un appareil de mesure, une sorte de galvanomètre. La valeur de la radiesthésie trop souvent, paraît en fonction de l'opérateur : elle vaut ce que vaut l'opérateur. Comme en médecine, songera-t-on à incriminer la médecine pour telle ou telle erreur de diagnostic, tels tâtonnements thérapeutiques... nul ne les a dénombrés jusqu'ici. C'est pourquoi, nous avons encore foi — une certaine foi — en la science et en l'art de nos dévoués médecins. Et c'est justice. On n'est pas radiesthésiste, parce qu'un pendule gire entre vos doigts ou qu'une baguette se tord ; l'essentiel n'est pas de recevoir, d'avoir des sensations, mais de savoir les analyser, les interpréter, les lire ; juger, en un mot. Les disciplines sont nécessaires pour qui veut progresser. »

Les résultats atteints seront fonction de la qualité des buts, comme de la qualité morale des expérimentateurs... [1]

---

[1] Nous avons eu connaissance du livre *La science occulte et les sciences occultes* du Dʳ CARTON seulement pendant l'impression de ce volume. Si cet auteur est souvent « trop médecin » dans son ouvrage, ses critiques et ses idées sont susceptibles de modifier largement certains points de vue radiesthésiques et nous croyons de notre devoir d'inviter les radiesthésistes intéressés par les questions médecine et occultisme à lire *d'un bout à l'autre*, le livre du Dʳ Carton (s'adresser 48, rue Piard, à Brevannes, Seine-et-Oise, *Revue Naturiste*).

BIBLIOGRAPHIE

Livres de Chevet

* Dr CARREL, *L'Homme, cet inconnu* (Plon).
CHRISTOPHE, *Tu seras sourcier* (Mignard).
VALLEMONT, *La physique occulte*, 1693 (40 à 100 fr. chez les bouquinistes).

Pour les débutants

TROTEREAU, *Petit traité de radiesthésie élémentaire* (chez l'auteur, 2, rue de Négrier, Le Mans, 3 fr.).

Entraînement pratique

Abbé MERMET, *Comment j'opère* (chez l'auteur, à Jussy, Genève ou à la Maison de la Radiesthésie, Paris).
H. DE FRANCE, *Le sourcier moderne* (Librairie de la Maison rustique).
F. PADEY, *Traité complet des secrets de la baguette et du pendule* (Desforges).
LACROIX-À-L'HENRI, *Manuel théorique et pratique de radiesthésie* (Dangles).

Méthodes ou essais « scientifiques »

H. MAGER, tous ses ouvrages (Dunod, Baillière).
L. TURENNE, *De la baguette de coudrier aux détecteurs du prospecteur* (chez l'auteur, 19, rue de Chazelles, Paris).
Brard GORCEIX, *La balance pendulaire* (Lechevallier).
MARTIN-LAVAL, *Le rayonnement de la matière* (Baillière).
PITOIS, *La condensation radiesthésique* (Maison de la Radiesthésie).

Agriculture

* H. MELLIN, *Radiesthésie agricole et domestique*.

Médecine vétérinaire, colombophilie

D. Martin, *Diagnostic radiesthésique en matière vétérinaire* (Toulon, imprimerie Cabasson).
Renaut et Vanderschelden, *Nos pigeons et les ondes radiantes* (AAR).
Lacroix-à-l'Henri, *Comment soigner nos pigeons* (Dangles) (en préparation).

Maladies humaines

Dr Leprince, ses divers ouvrages (A. Legrand).
* L. Turenne, *Ondes des maladies et des remèdes* (chez l'auteur).
G. Lesourd, *Méthode radiesthésique de recherche des maladies* (Maison de la Radiesthésie).
Y. Chantereine, *Ondes et radiations humaines* (O. Boem, Strasbourg).
Bovis, *De la radiation de tous les corps* (AAR).
* Dr Chavanon, *Thérapeutique ORL homéopathique* (chez l'auteur, 56, rue de Lisbonne, Paris).

Prospection des facultés mentales

F. Padey, *Complément au tome II des secrets* (Desforges).
* Voillaume, *Rayonnement des êtres vivants* (Lechevallier).

Etudes annexes à connaître

P.-C. Jagot, ses ouvrages, surtout *Guérir* (Dangles).
Caslant, *L'aura humaine* (Chacornac).
Lakhovsky, *La terre et nous* (Fasquelle).
* Dr Paul Carton, ses ouvrages, surtout *Science occulte et sciences occultes*.
* Dr Henri Bon, *Précis de médecine catholique* (Alcan).
de Launay, *L'Eglise et la Science* (Grasset).
Dr Brétéché, *Astrologie médicale* (chez l'auteur, à Nantes).
R. P. Roure, *Au pays de l'occultisme* (Beauchesne).
Dim Delobsom, *Les secrets des sorciers noirs* (Nourry).
* Gorres, *La mystique divine, naturelle et diabolique* (Poussielgue, 1854).
S. Fumet, *Le bienheureux Martin de Porrès* (Desclée-De Brouwer).
* A. Godard, tous ses ouvrages et surtout *Le messianisme* (Perrin).
* R. H. Benson, *Les nécromanciens* (Crès).

* Christophe, *Mensonges et dangers du spiritisme* (chez l'auteur).

Abbé Moreux, *La science mystérieuse des Pharaons* (Flammarion).

Revues de documentation

a) Radiesthésie :

Bulletin de l'Association des Amis de la Radiesthésie (mensuel).

La radiesthésie scientifique (tous les deux mois).

La chronique du sourcier (mensuel, chez M. H. de France, château d'Arry par Regnière-Ecluse, Somme).

* *La prospection à distance* (mensuel, chez M. Christophe, 85, rue des Murlins, Orléans).

Radiotellurie (mensuel, 115, cours Lafayette, Toulon, Var).

b) Médecine :

* *Le propagateur de l'homéopathie* (mensuel, 38, rue Thomassin, Lyon).

L'homéopathie moderne (bimensuel, 12, rue de Moscou, Paris).

La Revue Naturiste, 48, rue Piard, Brevannes, Seine-et-Oise.

c) Diverses :

* *Etudes traditionnelles* (mensuel, Chacornac).

Cahiers d'astrologie (Chacornac).

Certains lecteurs nous ont demandé des détails sur le forage des puits et la législation exacte des sources. A notre avis, ceci est du ressort des revues d'associations de radiesthésistes ; en attendant cette rubrique nécessaire, les professionnels et les propriétaires trouveront une excellente documentation dans E. S. Auscher, *L'art de découvrir les sources et de les capter*, Baillière fils, Paris.

N.-B. — Les livres marqués d'un astérisque doivent particulièrement retenir l'attention de nos amis.

Table des gravures

1. Tracé du Yn-Yang 28
2. Yn-Yang 31
3. « Rien » 33
4. « Cercle rond » 34
5. « Cercle rond mâle et femelle » 35
6. Les Pa-Koua 36
7. Le Tah-Gook 37
8. Signe japonais 37
9. Croquis statue égyptienne 40
10. Les Pyramides 42
11. Statuettes égyptiennes 43
12. Cercle pour méthodes chinoise et égyptienne . . . 52
13. Travail diurne chinois 54
14. Pyramide pour recherche microbienne 57
15. Symbole de Pluton 60
16. Extrémité baguette Pluton 61
17. Réactions de la baguette Pluton 63
18. Adaptation en pendule 64
19. Pendules multi-colorés 65
20. Schéma ondemètre 66
21. Croquis disposition ondemètre 67
22. Courant cancérigène et solénoïdes de protection . . 81
23. Appareil digestif du pigeon 110
24. Plan du château de C... 114
25. Méthode linéaire 116
26. Apiculture 125
27. Fac-similé d'adresse 129
28. Fac-similé de lettre 130
29. Auras radiesthésiques 135
30. Aura mentale (voyance) 141
31. Carte du ciel (enfant malade) 151
32. Clous et ondes nocives 165
33. Chapiteau de colonne (église romane de Néris) . . 166

*
* *

Un baguettisant ancien 13
Un pendulisant moderne 15
Avec la baguette Pluton, 1936 62
Quelques appareils de l'auteur 182

Table des matières

AVERTISSEMENT 9

   La radiesthésie 11

      PREMIÈRE PARTIE. — *Le passé*

I. *Explications.* — 1. Retour sur le précédent livre. — 2. Voyage en Chine. — 3. La monade chinoise. — 4. Le Yn et le Yang. — 5. Les Pakoua. — 6 le Tah-Gook coréen. — 7. Les deux forces magnétiques . .   25

II. *Autres vues en arrière.* — 1. L'Egypte. — 2. La pyramide de Chéops. — 3. Martine de Bertereau. — 4. Intermède. — 5. La Verge de Jacob   39

      DEUXIÈME PARTIE. — *Réalisations actuelles*

I. *Méthodes nouvelles.* — 1. Les couleurs dans les Pakoua. — 2. Yn-Yang colorés. — 3. Méthode « chinoise ». — 4. Méthode « égyptienne ». — 5. Pakoua nocif et pyramide muette   51

II. *Instruments divers.* — 1. Incursion en astrologie. — 2. La baguette Pluton. — 3. Essais sur l'eau. — 4. Autres résultats. — 5. Pendules multi-colorés. — 6. Ondemètre d'absorption. — 7. Appareils particuliers. — 8. Un émetteur d'ondes   59

III. *Les ondes nocives.* — 1. Définitions. — 2. Quelques observations. — 3. Emissions nocives. — 4. Ondes bénéfiques. — 5. Elimination des ondes nocives. — 6. Blocage d'ondes d'objets. — 7. Indices de radiations nocives à distance   73

IV. *De l'orientation mentale.* — 1. Rappel des principes. — 2. Extension et réalisation. — 3. Travaux à distance. — 4. Objection importante. — 5. Détections dans le futur. — 6. Fausse radiesthésie 84

V. *Thérapeutiques.* — 1. Position des chefs d'école. — 2. Position des radiesthésistes. — 3. Thérapeutiques radiesthésiques. — 4. Allopathie et homéopathie. — 5. Spondylothérapie. — 6. Points chinois et autres. — 7. Exemple de « silicea » 95

VI. *Régimes et remèdes.* — 1. Le naturisme en cure. — 2. A propos de matière médicale. — 3. Colombophilie 106

VII. *Recherches spéciales.* — 1. Travail sur plan. — 2. Recherches de pistes. — 3. Vie et mort. — 4. Fading provoqué. — 5. Course à Jouvence. — 6. Méthode d'Ogino. — 7. Et d'autres recherches... — 8. Ondes à vitesse lente 113

VIII. *Psychisme.* — 1. Lettres et adresses. — 2. Polarité psychique. — 3. Les auras radiesthésiques. — 4. L'aura prévue par la Science. — 5. Les auras en voyance. — 6. Exemple de « vision ». — 7. La standardisation des esprits 129

TROISIÈME PARTIE. — *Aux confins de la radiesthésie*

I. *Astrologie.* — 1. Définition. — 2. Appuis à l'astrologie. — 3. Lois de Wronski. — 4. Recherches de disparus. — 5. Les transits. — 6. Causes d'erreurs. — 7. Les planètes de la radiesthésie 147

II. *Occultisme.* — 1. Définitions. — 2. Voyance et spiritisme. — 3. Symbolisme des clous et du fer. — 4. Charmes et phylactères. — 5. Mot remède. — 6. Esprit des choses. — 7. Catholicisme et occultisme 160

III. *Science contre radiesthésie.* — 1. Le fait radiesthésique. — 2. L'erreur radiesthésique. — 3. Art ou Science ? — 4. Les attaques scientifiques. — 5. Radiesthésie médicale. — 6. Une négation 173

IV. *Loin du dernier mot.* — 1. Opposition de termes. — 2. Retour sur notre texte. — 3. Radiesthésie et Foi. — 4. Encouragements 183

BIBLIOGRAPHIE 189

TABLE DES GRAVURES 193

TABLE DES MATIÈRES 195

Ebook Esotérique réédite,
sous forme de livres électroniques
ou Ebooks, des livres ésotériques et
d'occultisme qui sont devenus rares ou
épuisés.

Visitez Ebook Esotérique

www.ebookesoterique.com

Inscrivez-vous pour recevoir
notre Bulletin-Info.
Vous serez informé des
nouvelles parutions et promotions.

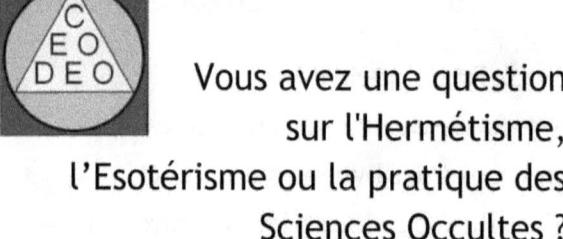 Vous avez une question sur l'Hermétisme, l'Esotérisme ou la pratique des Sciences Occultes ?

L'Encyclopédie Ésotérique vous apportera des réponses et des mises au point précieuses. Cliquez www.ceodeo.com

L'Encyclopédie Ésotérique ainsi que les articles, dossiers, cours et essais que vous trouverez sur notre site s'adressent tant aux profanes qu'aux spécialistes.

Collège Ésotérique et Occultiste d'Europe et d'Orient
(CEODEO) www.ceodeo.com

www.ingramcontent.com/pod-product-compliance
Lightning Source LLC
Chambersburg PA
CBHW071201160426
43196CB00011B/2156